★俄罗斯顶级智库对全球发展趋势的权威预测★
★普里马科夫所五十年战略预测传统的最新力作★

2035年的世界

全球预测

Мир 2035

Глобальный прогноз

[俄] 亚历山大·亚历山德罗维奇·登金◎主 编
杨 成/华 盾◎译

时事出版社
北京

图书在版编目（CIP）数据

2035年的世界：全球预测／（俄罗斯）亚历山大·亚历山德罗维奇·登金主编；杨成，华盾译．—北京：时事出版社，2019.1（2023.2重印）

ISBN 978-7-5195-0255-3

Ⅰ.①2…　Ⅱ.①亚…②杨…③华…　Ⅲ.①国际形势—研究—2035②世界经济—经济预测　Ⅳ.①D5②F113.4

中国版本图书馆CIP数据核字（2018）第199783号

外版图书登记号 01－2018－7670

出版发行：时事出版社
地　　址：北京市海淀区彰化路138号西荣阁B座G2层
邮　　编：100097
发行热线：（010）88869831　88869832
传　　真：（010）88869875
电子邮箱：shishichubanshe@sina.com
网　　址：www.shishishe.com
印　　刷：北京良义印刷科技有限公司

开本：787×1092　1/16　印张：15.25　字数：212千字
2019年1月第1版　2023年2月第7次印刷
定价：95.00元
（如有印装质量问题，请与本社发行部联系调换）

评阅人

章节主任委员会

编委会

作者名录

亚·亚·登金　院士

阿·格·阿尔巴托夫　院士

谢·亚·阿丰采夫　通讯院士

弗·格·巴拉诺夫斯基　院士

费·亨沃·伊托洛夫斯基　通讯院士

纳·伊·伊万诺娃　院士

伊·谢·科罗廖夫　通讯院士

阿·弗·库兹涅佐夫　通讯院士

瓦·瓦·米赫耶夫　院士

伊·斯·谢梅年科　通讯院士

根·伊·丘弗林　院士

阿·维·阿维洛娃　经济学副博士

纳·康·阿尔巴托夫　政治学博士

奥·维·博加耶夫斯基　历史学副博士

伊·阿·布拉吉娜　经济学博士

弗·加·瓦尔纳夫斯基　经济学博士、教授

克·鲁·沃达　经济学副博士

阿·米·沃尔科夫　经济学副博士

安·根·沃洛金　历史学博士

马·安·沃洛金娜　历史学副博士

马·巴·格洛托夫　经济学博士、教授

叶·什·贡特马希尔　经济学博士、教授

尼·弗·戈非　经济学副博士

巴·安·古杰夫　历史学副博士

伊·弗·丹尼林　政治学副博士

谢·谢·德米特里耶夫　经济学副博士

弗·季·德沃尔金　工学博士、教授

叶·根·多贝什　经济学博士

斯·维·茹可夫　经济学博士

维·尤·茹拉夫廖娃　政治学副博士

弗·斯·扎加什维利　经济学博士、教授

尼·瓦·扎格拉金　历史学博士

安·弗·扎戈尔斯基　历史学副博士

尼·彼·伊万诺夫　经济学博士

斯·米·伊迈诺夫　历史学副博士

亚·尼·卡利亚金　历史学博士

叶·亚·卡纳耶夫　历史学博士

尤·德·克瓦什宁　历史学副博士

埃·弗·基里琴科　经济学副博士

弗·巴·孔德拉季耶夫　经济学博士、教授

伊·亚·科佩京　经济学副博士

科尼·阿·索拉波夫　历史学副博士

科·谢·科斯秋科夫　经济学博士

维·亚·克拉西利希克　经济学博士

安·康·库德里亚耶夫　经济学副博士

伊·利·列昂季耶娃　经济学副博士

谢·亚·卢科宁　经济学副博士

金·巴·马雷舍娃　政治学博士

绍·阿·马梅季亚罗夫　经济学博士、教授

吉·伊·马恰瓦里阿尼　经济学博士、教授

亚·莫·米尔金　经济学博士、教授

亚·伊·尼基京　政治学博士、教授

伊·尼·尼基京娜　经济学副博士
加·康·尼科利斯卡娅　经济学副博士
谢·康·奥兹诺比申夫　历史学副博士
柳·弗·潘科娃　经济学博士
纳·格·罗戈任娜　政治学博士、教授
纳·彼·罗马申娜　政治学副博士
安·维·里亚博夫　历史学副博士、副教授
亚·格·萨韦利耶夫　政治学博士
伊·谢·萨多瓦亚　经济学副博士、副教授
维·阿·绍特金娜　历史学副博士
纳·弗·托加诺娃　经济学副博士
彼·弗·托普奇卡诺夫　历史学副博士
奥·耶·特罗菲莫娃　经济学副博士
谢·瓦·乌特金　政治学副博士
亚·尼·费多罗夫斯基　经济学博士
叶·萨·黑辛　经济学博士、教授
柳·谢·胡佳科娃　经济学副博士
伊·巴·察片科　经济学博士
维·格·什维德科　经济学副博士

目 录

前　言

《2035年的世界：全球预测》一书是俄罗斯科学院普里马科夫世界经济与国际关系研究所（IMEMO）预测研究系列的延续。预测的任务不只在于预言未来，还在于明确未来世界的挑战与机遇。我们力求研究当下那些对20年后世界面貌有长期战略性影响的动态趋势。本书勾勒出的图景包含一些关键因素，而俄罗斯则能通过适应当下进程，有效地使用这些因素，并依照自身利益，在未来世界中找到自己的最佳位置。

尽管全球化已经取得了卓越的成果，但可能正因为它，世界出现冲突的潜在风险正在上升。这种冲突既发生在起领导作用的国家之间，也发生在其内部各力量之间。在过去的25年里，接替社会主义和资本主义对抗的，是带有浓重民族、宗教、历史文化色彩的利益冲突、价值观冲突和身份认同冲突。

到2035年，世界将在新观念、新技术以及科学进步和人文创造的影响下发生改变。但这并不意味着自然、经济与社会法则的作用将会停止，机遇、资源、社会等各种各样的限制因素将共同发展。

同时，作者们诚实公正地分析了如下问题：

- 在近几十年来的全球共同体中，经济、政治、社会和精神领域已经发生了什么，即将发生什么；
- 科学技术的发展如何影响和反映在这些领域之中；

• 在它们之中存在何种反馈机制，能否找到某些一般性规律，并在其基础上预测未来变化的方向与特征。

预测的基础不仅是洞察力，还有对已有事实和趋势的分析。没有这些预测，决策时势必出错和失算，从而浪费资源，丧失发展机遇。

理解全球发展规律的重要性，是俄罗斯普里马科夫世界经济与国际关系研究所的研究者们公开自己研究成果的主要动机。因此，我们出版和推广长期战略预测。2001 年，我们出版了《千年之交的世界》，预测 2015 年前的全球经济发展。回过头看可以发现，我们在首次预测中提到的世界经济主要发展趋势，整体上都得到了证实。除此之外，得到证实的还有一些重要的数据指标。例如，世界 GDP 从 2001 年到 2014 年的实际增速（3.7%）与我们对 2001—2015 年的预测完全相符。但我们高估了发达国家的增速（预测 2.6%，实际 1.7%），也相应低估了发展中国家的发展速度（预测 4.7%，实际 5.5%）。比较准确的是对俄罗斯经济的预测，这一时期 GDP 的实际年增速为 4.2%，我们的预测为 5.0%。

提请读者注意，预测 2035 年前的全球发展，将比以往涵盖更加广泛的进程与现象。但我们希望，近几十年来积累下的经验和方法能使我们以足够高的概率预测出未来 20 年的世界发展趋势和速度。

世界已经进入国际关系紧张、经济金融动荡、新老一体化核心间权力重组和充满不确定的长时段之中。因此，我们主要的研究任务是：确定俄罗斯将在这一时期经受何种危机、威胁和机遇。

为了瞭望 2035 年，俄罗斯普里马科夫世界经济与国际关系研究所的专家们赋予自己“外科医生”的角色。他们按照多样性把这个统一的世界切片制成标本——思想的世界、政治的世界、经济的世界等等，然后再转入分析这些截面的相互作用和相互影响——合成未来面貌。

我们的研究开始于思想世界。在这个世界中，不同世界观体系的深度矛盾将继续，共存将继续，激烈的竞争亦将继续，很难有某一种体系能一统天下。

在政治的世界中，冲突性势必加剧。国家政策的制定将遭遇资源与社会因素的限制。同时，传统政治力量将通过保护社会意识来维护自己的影响力。

社会政策不得不寻找治疗社会不平等的药方，但这种不平等将愈演愈烈，其表现形式或新或旧。世界将面临一个世纪以来规模最大的社会结构转型，中产阶级消弥，新晋精英逃离至遥不可及的飞地，知识经济的基础形成，多元创新此起彼伏。

史无前例的技术进步将大幅提高新技术编织社会结构的作用。它们不仅将影响经济发展，还将对个人和社会意识造成影响。中期来看，它也将提升社会政治冲突的潜在可能。

世界经济将经历一个剧烈波动期，与之相关的是探索更有效地保障可持续发展的新方法。大规模结构转型将发生在工业、能源和金融领域，这必将牵动国家之间和地区之间的能力对比。

未来 20 年，全球化形态将根本改变，其途径包括新模式和区域一体化平台的运用。在全球一体化的世界中，新的引力场域将会形成，包括：中国及其投资的丝绸之路经济带，美国、欧盟和英国共同支配下的跨大西洋一体化，美国及其跨太平洋和拉丁美洲国家的一体化，欧亚经济共同体。现代全球化的危机将引发国家市场或小型区域市场的孤立倾向，全球化与区域化的新型互动模式将应运而生。

在国际关系领域，世界将走过一个重要分水岭，它将决定未来几十年的冲突程度。

在社会政治方面，文化多元性增长将成为政治正确（在多元文化主义逻辑下）的挑战和政治激辩的对象。其关注点在于维持共同社会生活规范和发展方向，其优先项是在国家内部建立作为社会契约基石的“发展共识”。21世纪初，我们无法制定出新的发展构想来顶替“不负责任的发展”。“不负责任的发展”依赖自然资源的使用、社会意识的操纵和人类需求的别样结构。向“希望的明天”前进的理想可以定义为负责任发展，即使用可再生能源、社会创新的智力资源，以及生命活动的非物质促进因素。负责任发展的决定因素是人们捍卫政治生活民主原则的意愿，从道德层面判断政治的能力，以及相应价值观动机与认同的形成。

在将世界每一面“制成标本”的过程中，在理解主要发展趋势、转折点或未来情景时，我们遇到了多重性问题。

例如，在经济的世界中，经济层级性将导致国家间失衡的加深和新型失衡的出现。这时，市场逻辑、最强参与者的经济利益、它们的市场扩张需求，以及相应市场机制的推广，将催生全球“升降梯”的形成。对于落后国家而言，还有类似的国家社会升降梯。

对俄罗斯来说，未来20年将是她在变化的世界中树立自我地位的时期，也是在解决社会性问题时保证国家决策掷地有声的时期。这种探索将以两个因素的结合为基础——自我认同的意识与对全球责任的理解。

另一种情景——俄罗斯与世界进程脱离，建立闭关自守的发展模式，使经济、创新、金融、政治趋势的影响降至最低。毫无疑问，这种情景的出现定会将俄罗斯扔回几十年前，令她丧失现代化和增强国际地位的机会。

最后，有关本书的装帧，再添只字片语。上一本著作《战略全球预测 2030》（2011 年）的“名片”是比利时画家勒内·马格里特的作品《敏锐》，其局部被印在该书封面上，并用在后来的出版中。

然而在我们看来，这一选择虽然成功和准确，却给我们带来了一些麻烦。为《2035 年的世界》选择装帧的过程相当困难，曾经研究过的方案都有些许勉强。但最终决定来得出乎意料。当书已经准备印刷时，莫斯科普希金造型艺术博物馆举办了日本艺术家森村泰昌的展览。他的作品《三重人格——重新认识〈敏锐〉》，成为我们找寻的那个答案。今天，将预测结果呈交读者的不是一个欧洲人，而是一个手拿毛笔（更准确地说是毛笔和照相机）的日本人。所有物品都与马格里特的版本相似：画架、调色板、鸡蛋。只有画家的视线不只从一个点发出，而是三个。现实变得多维，不知道蛋壳中的居住者出生在哪个现实之中。

回应 20 世纪上半叶西方经典的人是与我们同时代的东方人。它表现出非线性的、变化着的、精准的精神世界。当人们因观看一幅画而陷入思考时，这幅画才有意义。如果马格里特也有这样的愿望，那么现在它成真了。

我们以本书纪念 2016 年俄罗斯科学院国家研究机构普里马科夫世界经济与国际关系研究所建立 60 周年。再次祝贺所有作者，并感谢你们的工作。

俄罗斯科学院院士

亚·亚·登金

预测的方法论基础

在预测过程中，我们力求运用当下一切可以利用的研究工具。

本预测的理论基石由当代俄罗斯国内外的经济学、社会学、政治学分析思想所构成。在对这些观念进行整合的基础上，通过研究诸学科和世界主要国家和地区的特点，我们揭示出全球发展的长期趋势，以及决定俄罗斯世界经济政治地位和作用的主要因素。

我们依靠以下方法保证跨学科综合性：

首先，多领域专家共同参与完成了此项研究，其中包括经济学家、政治学家、哲学家、统计学家和国别研究专家。

其次，召开研讨会、情景分析会等活动，提交和审定阶段性和最终成果。会议不只在 IMEMO 内部，我们还与俄罗斯国内外的世界经济政治权威专家进行了讨论。

本预测的真实性基石来自俄罗斯国内外的大量学术研究成果，包括专著、文章、统计资料和信息情报，以及俄罗斯、联合国、经济合作与发展组织、国际货币基金组织、世界银行、世界贸易组织、欧盟等国际组织和研究中心的准确信息。为了预测的准确性，IMEMO 建立了世界各国和地区的经济政治社会发展数据库。

海量的专家信息要求我们通过特殊方法保证预测的相容性与平衡性。我们运用特别的组织程序，在专家评估和计算的重复一致性原则基础之上得出结论，旨在找到因专家数量较多而引起的结构性扭曲，得到具有相容性的趋势和评估，使整个预测期内的经济指标相一致。

在该方法框架下，我们同时应用步进式程序，让专家逐步提交自己对趋势的看法和预测指标的数值，并将该指标与后续变化做出对比。在发现差异时，实现对专家数据的修正。整合过程持续到所有关联性指标均能得到一致的相容性评估为止。

对经济的预测依仗对 GDP 及其在产品生产和最终使用两方面投影的分析。从生产角度预测 GDP 的最稳定增长因素是人口（人口增速、性别结构、经济活动参与度）和宏观经济（各行业就业结构、劳动生产率增速和投资动态）。

我们也注意到了全球发展（包括政治发展）决定性指标之间的一些差异。但由于我们的方法论基础是反复多次地寻求专家意见一致性，因此，预测结论中并无太大差距，而且只取专家们得出的最大概率事件。需要说明的是，概率最大的情况并非差异中的折衷情况，而是专家们最为保守的预测。

当然，GDP 和其他相应指标最大概率的评估无法反映出平滑和均匀的动向。我们对 2015—2035 年之间的评估也基于某些年份出现波动的大概率事件。毫无疑问，生产率会在 20 年中起伏。与上个周期（1990—2014）一样，在 2015—2035 年，一国的 GDP 亦将以固定价格计算，或统一换算成 2014 年的美元。

为了得到严格、全面的结果，我们同时使用购买力平价和平均汇率（兑 2014 年美元）来计算 GDP。

主要的预测结果将使用全球 189 个国家的宏观经济指标和几乎百分之百的全球人口和 GDP。

更复杂的工作是预测非定量进程——政治和社会发展趋势。从方法论角度讲，其基础是分析社会制度多重向度的本质变革，且这种变化受到利益和需求体系变化、政治进程主体意识与行为变革的影响。我们的预测将启发性方法和逻辑性方法相结合，依靠跨学科分析，综合社会人文不同领域对当代世界秩序及其动态的认识，用统计学方法分析社会转型，加强对实证数据的应用。

预测期内的政治发展过程既是二战后世界格局向其他形式的转型过程，也是向社会新范式的一种过渡。在社会关系领域，当下正在发生的变化是政治空间深刻而巨大的形变，以及经济社会政治体制转型相互依赖关系的强化。

分析所使用的空间方法使我们得以预测世界发展中心与边缘地区的相对力量变迁，判断出现新空间的概率，以及主体间互动新形式与新机制的可能。

以“国际经济和政治体系的非线性演化”这一理念为基础，我们预测了空间与时间的转型，包括转型的幅度、社会政治影响和流动性特征等因素。在该背景下所应用的冲突学方法使我们看到，在现代社会文化分化正在形成（或加深）时，世界秩序如何变化。

预测的关键工具是因素分析，即阐明政治和社会领域变革的长期决定因素。因素分析依靠的是对中长期社会发展趋势的高质量评估。这种分析将揭示社会发展的矛盾趋势，以及其相互作用可能形成的合力（全球化/区域化；一体化/去一体化；普适性/独特性；独立性/网络沟通中的联系性，等等）。通过对比各维度，我们分辨出现阶段仍不清晰的可能情景，找到最大概率的替代性方案并展望之。

理解政治进程中人的作用，评价个体因素对社会转型的影响，使我们建立起综合性的新型预测方法，这种方法将“人的维度”纳入现代世界秩序结构考量。

对社会政治转型可能向度的预测将身份认同纳入考量。这种方法将认同理解为一种分析性概念，使我们透过个体、群体和社会的生存策略和动机去分析社会变化的本质；揭示支配人们社会行为的思想、价值观和关切。这种将主观现实置于科学语境之中的方法，能够从广义上反映出人们对自我和他者的认知，以及这种认知在社会实践中（包括情感水平上）的表现。我们预测的出发点在于研究认同的演化过程，以及认同政治的议程动向，这是现代世界秩序中社会和政治制度转型的重要标志。

社会政治预测包含对思想意识和道德伦理的分析。在预测期内，由不同国家和地区主导的意识形态矛盾将增大，这将成为政治思想和文化价值对抗与冲突的根源。这种矛盾的剧烈性将会扩大人们对宗教信仰的需求，增加新意识形态出现和被接受的可能。

有俄国学者将意识形态作为一种社会现象来研究，而本书作者更进一步地认为，任何意识形态都不是虚假的意识或政治神话，意识形态使一系列存在主义意义上必然的心理状态和实践活动得以完成，它作用于各种道德范畴的交叉点，如价值观、世界观、文化，以及个性与社会的形成。《2030 年的世界》（Мир 2030）一书中阐述了意识形态的主要定义，我们在本书中沿用这一定义。

我们通过如下方式确定全球政治的发展动态：（1）意识形态体系和宗教信仰；（2）当下历史时期和各阶段的政治意识（包括比例不一的实践经验、教育，以及这个时代的常识和偏见）；（3）政治进程参与者对自我利益的理解

（在不同程度上取决于一系列实用主义因素和其他各色实用主义者）；（4）当下全球政治进程中的政治情感状态。

对于意识形态与政治意识这组兄弟概念而言，由于它们具有一种相应进程长期断裂的规律性，这组概念原则上能够被长期预测。对整个预测至关重要的，与其说是相应的观念和（或）观念体系，不如说是这种观念和（或）观念体系被政治运用的可能性，若如此，那便还有其在足够大的社会群体和（或）整个社会中的政治效用。

为了预测科学技术的发展，我们使用了综合性的社会经济方法。一方面研究重要社会经济挑战的结构与内容，这种挑战结合了创新过程中的机遇与局限。另一方面研究科学技术趋势，该趋势从资源与内容两方面反映出对这些挑战的回应能力。

作者们试图将创新发展的“需求”参数［包括客观的经济和（或）社会需求］与技术“供给”（成熟或新生的技术趋势）分析相结合。同时，我们还将评估创新的社会经济扩散效应——被广泛应用在某个行业、乃至一国和世界/全球范围内的技术，以及创新技术广泛传播和使用的经济能力和社会能力。

在预测生态对经济增长的促进与限制作用时，我们以两个相关联趋势的专家评估为基础。首先是现代世界的生态状况，以及将人类活动综合影响纳入考量时（在发展中国家和发达国家的紧张程度不同）生态状况的未来走向。第二层次的分析则着眼于降低各地区生态风险的综合性解决方案，以及转向“绿色”发展政策的可能性（经济、技术、财政、政策）。对比促进因素和抑制因素可以发现，世界不同国家和地区的发展阶段呈现出非同步性特征。在对照两种发展趋势的基础上，我们评估了生态因素对各地经济发展的抑制和刺激作用。

借助实证数据，广泛应用统计数据，我们预测了社会领域的发展。运用因素分析法，我们比较了跨国和跨地区状态，发现共同趋势和各自特点，分析社会劳动力调整等问题。

在分析社会劳动力领域的发展进程时，我们同样使用实证方法解释每个地区的问题，阐明整个世界的趋势，评估劳动力制度的质量，因为这种制度为各地区和世界整体的社会事业和生活质量的形成提供保障。

除此之外，我们还应用历史学和跨学科方法研究制度演化的逻辑，区分使趋势减缓或加强的因素，最大程度地评估转型方向和内容，同时将社会系统的生命周期理论纳入考量。

在预测教育和医疗领域的发展趋势时，我们特别强调经济和制度转型相互依赖关系正在加强。以结构功能分析为基础，通过使用统计数据和具体监管法规，我们划分出不同的维度并将其联系起来。

在预测全球移民进程的长期趋势时，我们在认同这一概念的基础上广泛分析民族文化的变化与失衡。在跨文化交流和社会政治冲突演化方面，我们将跨文化交际概念中劳动力形成的特点作为研究对象。专家对这一领域的可能趋势进行评估，包括未来的人口、经济、社会文化和政治情况，并关注历史的相似性因素。预测建立在启发性和逻辑性方法相结合的基础之上，秉持系统性和跨学科性原则。

国际安全预测的复杂性使我们有必要综合分析一系列因素，包括战略平衡的稳定性，影响有核国家核武管控的不稳定因素；核不扩散状态的巩固路径和新技术飞速发展的方式；多极世界新影响力中心的出现；东欧、近东和太平洋地区危机现象的发展。如果我们运用标准预测方法（趋势推论、脚本法、专家评估、德尔菲法和一系列其他方法）单独分析上述因素的发展脉络，因素间的非线性交互影响可能使预测结果出现错误。

因此，复合阶段性方法更加适用于国际安全的预测。第一阶段给出可能情景，第二阶段在每种可能情景内部，最大程度上化解各因素间的非线性交互影响，以便进行局部预测，方法包括上述预测方法和“头脑风暴”、分析性报告、调查问卷、类推法、反向选择法等等。

为了预测某些地区和政治地理空间的发展趋势，作者运用专家评估法对比未来不同情况出现的概率。根据多脚本预测法，通过对比各种独立评估，并兼顾其不同的代表性和根据性，我们定量地计算出具体情景的多种可能性。同样，独立评估意见的根据性，既可以通过其论证质量来确定，还可以通过曾经相似预测的鉴定结果来确定。

除了多脚本预测这一基本方法，作者同时还运用可能情景中和法，即在高质量的内容分析基础之上，把多种情景压缩到合理数量。然后借助上述概率对比法，划分出基本情景、一些可能情景，以及超出给定阈限的实现概率。鉴于预测对象的特征以及多脚本之间的根本性差异，概率阈值可以在每个具体问题中被单独确定。

简　介

总体来讲，未来20年可以被描述为世界经济深度变革、一些传统认知与规范被修正的一段时期。具体而言，则包括发达国家和发展中国家技术和社会现实的变化，以及世界经济发展的结构性变化。发生改变的还有一系列观念，例如如何构建国际关系的原则与形式、如何保障全球主要行为体的安全，以及这一安全概念的内涵。

从世界政治秩序的角度出发，当下世界秩序作为冷战后全球发展的首个阶段正在面临危机。这一危机势必伴随国际关系紧张的加剧、全球动荡与不可预测性的增加，以及世界政治经济影响力与权力等级的重构。

造成这一时期不稳定性与自发性变化激增的因素包括主要国家领导人之间互不信任感加深、冲突情绪渐强，以及世界范围内某些国家脱离全球发展的危险增加。

不稳定性增强是新型社会自组织模式缺失的后果，而这种新型社会自组织模式则能够减小现代社会网络中社会文化脱节的负面影响。

此外，在个体层面，发展创造能力的愿望正遭遇消费社会的挑战。价值观目标的侵蚀和社会制度的失信导致认同危机的出现，而这种认同是发达社会不可分割的一部分。

在国际关系领域，在冲突协调和议程设置中起重要作用的国家之间，其政治精英的互不信任，在冷战结束的第二个10年之后，成为世界稳定的公然威胁。

这首先和俄罗斯与西方的关系息息相关，近年来，俄罗斯愈加强烈地表达在重要事务中屈居配角地位的不满，其中包括对直接触犯其安全利益的控诉。

对现存世界秩序的公然不满广泛存在。中国和一众大型发展中经济体在21世纪的头10年作为重要的国际行为体，表现出对自己在当前世界政治体系中地位的不满。欧盟核心国家之间、核心国家与边缘国家之间缺乏互信的现象同样明显。二战战败国德国和日本则表现出对提高国际事务决策地位的强烈渴望。

主要国家在各自利益攸关区主导着一些领域（中国在南海的政策、美国“重返”亚洲、俄罗斯在后苏联空间一定程度上的再一体化等等），而影响力的侵蚀和地位的丧失导致这些国家间国家意志和国际规范构想的冲突。

在国际舞台出现了改变世界层级结构的新元素。其中包括中国在国际舞台愈加积极地展露锋芒，这首先与其迅猛的经济发展有关。中国志在通过建立新的国际制度除旧迎新，例如上海合作组织、金砖五国、亚信会议、大型“一带一路”项目等等。与此同时，所谓的中等大国（韩国、澳大利亚、墨西哥、印度尼西亚、土耳其等）也希望建立能够反映和顾及其利益的国际机制。

在经济、技术与创新发展领域，领先国家与落后国家间的脱节正在加深。这较为明显地体现在落后国家无法对业已普及的创新进行再生产；其经济在长时段里趋于停滞，而在可预见的未来亦无快速增长的机会。

还有一些脱节出现在国境线上。国境线不仅将多数国家的大量人口隔绝于新型福利模式，还切断了他们的社会升降梯，使他们获得成功与福祉的机会变得愈加渺茫。而这反过来则滋生出社会、信仰、种族之间的紧张关系和恐怖主义等问题。

要弥平世界不同群体、人口、地区之间生活水平的差距，这一任务变得愈加困难。与此同时，通过保留一定可接受的比例，为最积极和最有才干的人和群体建立社会升降梯，从而维护一种“平衡的”不平等形式，这一任务具有现实意义。

冲突因素的增加、新兴参与者的出现和全球性脱节现象使全球化和区域化的相互关系向有利于后者的方向发展。在区域化框架内将引发建设性区域主义与封闭性区域主义之间的分歧，前者与全球化一步之遥，后者则反映出其拥护者脱离不合意的世界进程或最大程度规避可能挑战的愿望。

全球化将发生进一步的重心转移，即从官方和政府层面向跨国公司层面转移。

对这一过程的另一刺激因素是创新作用的增强，创新作用是经济和社会发展的引擎。世界发展的创新元素将实施创新的跨国公司与依仗劳动力成本打价格战的公司区别开来。

冷战后世界的新模样可能会在21世纪20年代形成，那时可以期待国际关系新模式的出现，即冲突性减弱，协调性增强，全球化思维复兴，新兴参与者踊跃出现。

这一时期将有机会建立层级不断变化的多极化世界的全球平衡。但这种机遇不会自动实现，而是需要巨大的全球性智力供给，本研究所做的努力便是其中一部分。

到2035年，世界将展现出以下图景。

一、观念与思想意识

市场和民主、个体自由和法治观念将在智识领域保持首要地位，但仍不会获得普遍承认，专制观念与进攻性思想将阻碍全球世界观一致情景的实现。能够确定的是，全球思想的发展趋势仍将是不同信仰、思想模式、价值观、世界观之间的竞争与对抗。

各种带有进攻性、革命性倾向的思潮也极有可能涌现。在世界社会不平等的背景下，可能出现各种形式的伊斯兰极端主义、民族主义和法西斯主义。同时，在民主、法治、个体自由观念占据上风的条件下，反民主浪潮无法获得更大发展。

然而，大量进攻性冲突对立思维仍将存在，并受到两个主要因素的影响。

（1）市场民主化的综合性战略优势正在消退，因此，它将受到一种诱惑，即应用进攻性手段推广自身观念。这将导致其他思想拥护者的强烈反抗，并不可避免地导致冲突增加。

在世界政局尖锐化的时候，这一进攻性思维将会扩大。但随着世界政局正常化，“巧妙”推广妥协型意识形态的观念、全球化思想和所谓“吸纳反对力量”的观念将被确立。

（2）大国间紧张关系的延续和伊斯兰极端主义的加剧将使市场民主化成为军事政治成就的思想政治“牺牲品”。

这些因素将对进攻型思想产生影响，在危机时期刺激进攻型思想的扩大，而在和平稳定时期使其收缩。在现实中，两个维度——进攻型思维的扩大和缩小，将会同时存在。

二、政治

在政治领域，对世界政治总体发展脉络的认识和对“赶超型发展”指令性的认识正在发生修正，未来属于那种能够将独特文明经验和自我发展能力与新型社会挑战相结合的模式。长期而言，对于最成功的民族和宏观区域社会关系模式而言，它们之间竞争的结果，将是对政治制度惯性的抑制。

很可能预见到的是政治冲突门槛的降低，以及内部和跨境紧张关系新策源地的出现。对于不同民族的社会环境和群体而言，在其国家和地区框架下，冲突性对抗和共处使社会和文化安全变得至关重要，这种对抗和共处还包括新旧政治意识与认同。这一趋势将愈加决定政治发展的方向，并增加政治事件的不可预测性和政治决策的矛盾性。

在各类政治主体——国家、地区、城市及其联盟、党派和运动、利益集团、移民社群——的互动过程中将形成新的政治空间。建立能够对动态需求和社会危机作出反应的制度，将成为政治发展的关键问题。

在现存政治秩序被根本性破坏的情况下，冲突可能上升到民族统一和主权问题层面，公民安全的威胁因而急剧增加。整体而言，社会政治的发展轨迹印证了未来社会发展的过渡性特征。

当下发展范式的潜力也可能尚存，在未来20年里，其所受资源性、社会性等限制不会非常强硬。金融、经济、思想等制度将各自保持足够实力，使全球发展按现有范式继续下去。

三、创新

在预测期内，创新发展将在世界范围内活跃起来，而2025年之后，将开始新一轮的“创新革命”。领先国家的活跃阶段将在2035年前完成，并在2035年之后扩散至其他国家。

创新和研发的资源保障将会增强。2020—2025年，全球经济的知识密集程度将加速发展。随着信息通讯技术的快速发展，对技能等要素的要求也将开始快速发展。

鉴于其智识能力、制度优势和市场开放性，美国仍将是创新领导者，并且其在科学领域的领导地位将更加具有针对性。到2030年，美国将保持创新产品需求量的领先位置，2035年前，中国的这一数字将与美国持平。美国在高科技产品制造和出口方面的比重将持续下降，而知识密集型服务的生产和出口将快速增长，这将成为美国公司的利润来源。商业界将保持较高的“产品型”创新能力，以及全球创新过程的组织能力。新的创新融资机制将出现。

欧盟在创新领域的地位将会被削弱，这要归咎于其“突破式”发展制度的制约。英国脱欧将对欧盟的发展及其全球角色产生负面影响，到2030年，欧盟才能克服这一问题的后果，统一创新集群的协同效应才会产生。同时，德国、东欧国家和英国将维持其在创新集群体系中的关键地位。总体而言，科学创新网（“创新城市”、科技创业中心）和工业技术网（集群，包括传统集群）这两个交叉但不完全重合的网络将会整合在一起。

至21世纪20年代末，由于外包业务和国外投资等因素的影响，日本在全球高科技产业的生产和出口比重将持续平稳下降。从21世纪20年代中期开始，日本的高科技工业将步入增长轨道，其新的驱动力将是B2B和B2G模式（在机械制造、能源、零部件、汽车方面）。知识密集型服务业也会有一定增长。

中国的价格优势、基础设施和国家扶持将持续，其高科技制造和出口的高速增长将得以维持。人口老龄化和劳动力成本上升将被劳动生产率的提升所填补，这来源于中国西北地区的工业化，以及南部省份先进技术和创新的应用，这将为结构性改革的实现创造机会与时间。

21世纪20年代后期，中国跨国公司将是基础设施市场和创新过程中的独立参与者，但只有少数中国公司能够在2035年前制造出原创性的创新产品。

得益于现代生产手段的引进、高科技产品和附加服务的使用、跨国公司的支持，以及对“普通”科技服务的需求，发展中国家的技术进步将加速，但仍无法改变其在世界经济中的半边缘地位。

由于工业革命，新型工业、能源、交通基础设施的建立，高科技产品的世界市场将获得强有力的增长刺激。而从成本和收益的动态角度出发，世界市场将愈加让位于知识密集型服务业。这一进程中的因素将包括：服务业在商品价格结构之中的比重增长（从30%—50%上升至45%—80%）；产品“虚拟化”；满足终端需求；提供消费决策。

四、世界经济

世界经济将以中等速度发展。在经济结构转型条件下，发达国家将进入更加快速的发展轨道。在预测期内，美国经济将以2.7%—2.8%的速度增长，欧盟国家的经济增速将达到1.8%—2.2%。

相较于20世纪90年代，发达国家的经济增长将会减缓，而这将由发展中国家以两倍的速度填补。中国和印度将在就业量增速减缓和劳动生产率增加的条件下保障经济增长。同时在发达国家和大量发展中国家，经济政策的目标和增长战略将从保障 GDP 高增速转向全面的经济发展，其中伴随产品和服务质量、人民生活水平的提升。

在所谓人口红利（直到最近一直是很多国家经济增长的重要源泉）骤减的背景下，今后 20 年经济发展的主要因素是劳动生产率的提升。

（一）国家与地区

在此背景下，美国将保持世界经济的领导地位。凭借政府、私人企业和社会领域的紧密互动，美国经济发展的优势因素将以人力资本、强有力的创新能力为支点。大规模的技术创新将一如继往。

未来 20 年，日本经济将以较慢速度增长。稳定的正向发展因素将出现在税务改革、随预算刺激措施一起的扩大信贷之后。

为了回应内部和外部挑战，尤其关键的是不容乐观的人口状况和不确定的外部市场动态，日本经济要克服“失去的十年”的负面影响，则要求与政策意志相应的深度结构改革。

欧盟国家 GDP 的中等增速将高于日本，这源于欧盟更高的预期劳动生产率（1.7%—1.8%）。在预测期内，脱欧后的英国将把注意力放在自己身上，努力建立一套与欧盟的特殊关系模式。

在可预见的未来，欧元区/欧盟形成的中心—边缘相互依赖关系，将完全保存其作为欧洲一体化双重逻辑的意义。

欧盟 2020 年前“智慧型、可持续及包容型增长”的大多数战略目标将不会实现，它们将顺延至新的一体化战略文件之中。

发展中国家和经济转型国家将以两倍于发达国家的速度增长，但发展中国家的经济增速将逐渐下降。

（二）产业结构

世界经济产业结构的根本性转移不会发生，仍然将减少物质生产的比重，增加服务领域的比重。到 2035 年，物质生产领域的比重可能会下降25%，其中农业将下降2%、采矿业下降4%、制造业下降13%—14%。服务业则将超过全球GDP的75%。

国际贸易和跨境直接投资仍将以超过全球GDP增速的速度增长。

（三）新型发展模式

只有在新的经济发展模式形成之后，世界经济才有可能回到危机前的增速。

世界经济的后危机发展模式有其固有特点，且本质上与危机前的模式不同，这涉及发展的所有关键因素，包括需求与供给、结构性参数（“全球失衡”问题），以及全球经济进程调整的制度设置。

尤其在今后10年，作为国家比较优势的廉价劳动力，其作用将急剧缩减，向使用技术劳动力的资本密集型产业转移，以及能源使用效率的大幅提升（采矿、可再生能源），将在今后15—20年里，打破世界经济竞争优势的平衡，并使之向经济发达国家倾斜。

（四）国际金融

国际金融发展将在两个主要因素的作用下进行。一方面是加强金融调节，对金融制度的要求也有所提高；另一方面是对金融创新的需求将持续，虽然存在潜在风险，但它对经济增长不可或缺。

在持续性全球化的背景下，跨国资本流动的意义将会增加，不同金融市场领域的相互联系将会加强，实行金融孤立主义的国家将会减少。未来20年，金融市场将会在整体上比1980—2000年更加开放。

美元将继续其世界储备货币和结算货币的角色。除了第二位的国际结算货币欧元，在可预见的未来不会有任何现实区域性货币出现。与英国脱欧相关，在国际货币系统中，英磅的地位不太可能会提高，这是因为金融交易网络的中心从地区向国际层面转移。第二梯队的货币数量将会增加，但它们的总体作用不会提高太多，不会带来质的改变。而由于中国经济的可能风险，人民币国际化将进行得非常缓慢。

（五）能源

在世界能源经济中，能源生产对能源消耗的依从性将进一步削弱，能源将不再是经济发展的限制因素。

在全球能源结构中，技术和矿物燃料的储量将进一步发展变化，但无论如何，矿物燃料——石油、天然气和煤炭仍将保持世界能源收支中的统治地位。

全球石油市场已经形成长期失衡状态，石油供应的潜在增长将超过预期的需求增长。发达国家已经渡过了石油需求的历史高点。

发达国家煤炭消耗的峰值将在2020年前到来，而对发展中国家而言，这一时间将在2030—2035年。在温室气体排放的限制下，全球煤炭消耗的峰值可能会提前于2025—2030年到来。

天然气在全球能源消耗中的比重将进一步增加。它将替代石油燃料成为所有交通工具的燃料。

对电能的需求将继续快速增长。一些领域的技术突破将从电能领域转向其他领域（电动汽车、家用和工业蓄电池），如降低用电器单位耗电量，寻找矿物燃料替代品。伴随“智慧能源”金融市场的迅猛发展，市场参与者将因此制订出节能型的商业战略。

全球天然气市场和电力市场的整合度将会加强，这是一个全球大趋势。在美国，这一发展尤其迅速，电能几乎已经成为“天然气的妻子”。

在欧洲大陆，向天然气现货定价过渡将在2020年前完成，亚太国家的这一进程将落后一段时间。

加速向低碳发展模式转变的机遇将会增多。不仅在发达国家，中国和印度也将积极地转向新能源，并发展相应的产业集群，生产太阳能电池、风力涡轮机、蓄电池、非传统燃料汽车和交通工具。

创新型能源生产，如风能和太阳能，将以较快速度发展。但由于较弱的基础和较高的生产成本，创新型能源在世界能源消耗中的比重在2020年前不会超过2%—3%，在2035年前不会超过7%—8%。

五、社会领域

在社会领域将出现经济增长和社会发展的脱节现象。通过将人口引入国际劳动分工进程，来保障持续增长的就业和大部分人口的福利，这一工业时代的机制将转变工作方式——越来越少的就业增长，直至最终的下降，也能保障经济增长。

现代经济的“无人”技术将切断更多社会阶层与生产的关系，这种“无人”技术将出现在劳动密集型产业，如交通、贸易、居民服务，包括社会服务。这种趋势已经开始出现在最大的“多人口”经济体，如印度，尤其是中国。

优质工作岗位的缩减，乃至所有工作岗位的缩减，将是后工业化经济的全球趋势。这将带来全球社会空间格局的重构，以及较工业化时代更大范围的贫穷和不平等的扩散。此外，还将出现后工业化转型在社会领域的滞后反应（由于制度惯性）——“福利国家”和中产阶级的消散。

所有这些都将破坏现行世界秩序的公平性，并导致不同特征的（种族间、宗教间、社会经济等）冲突加剧。由于工业时代的社会平等主义的消失，在政治组织的传统基础消失，新的稳定机制尚未形成之时，冲突的强度将会增大。

社会高层、中产和落后群体之间的脱节将会增大，而在这些群体内部，脱节现象同样存在。所谓新的财富创造者将会出现在全球，其政治影响力亦将增长。

更可能的情况是，新晋精英希望通过退让而自我保全，他们将建立新的中产阶级缓冲区和损失补偿区，从而进入“平衡的不平等”的新模式。

六、国际安全

国际安全状况在最近20年将处于四种可能情景之中：

1. 回到或多或少平衡的多极化模式，类似于21世纪头10年的模式，但全球和地区权力中心的组成会有一定变化，且它们的“权重”分配也有所不同。在世界政治重要主体间产生矛盾的背景下，合作将是其国家间关系中的支配因素。

2. 国际关系多极化模式持续下去，但俄罗斯的世界经济政治作用下降。俄罗斯与西方的关系将保持冲突性，而中国、印度和其他大国将发展多向合作，其中包括美国及其盟友。

3. 新型相对两极格局，以及主要国家和中国盟友、美国盟友的重新部署。

4. 依照俄罗斯与欧洲“里斯本—符拉迪沃斯托克”模式发展的经济政治空间一体化，其中俄罗斯以与所有拥有领导地位的国家广泛合作为基础，进入快速社会经济现代化轨道。

与过去20年不同的是，在下一个20年里，上述第二种甚至第三种可能情景如果实现，大国参与国际性冲突的可能性会增大。这首先与俄罗斯与美国/北约在后苏联空间的矛盾息息相关，与中国和美国及其亚洲盟友的关系也有一定关联性。

核威慑因素将继续作用于全球权力中心的军事冲突中，但它不会直接起作用，而会通过对冲突主体的支持起间接作用。

在减少正面冲突可能性方面，世界政治领导国家间的经济相互依赖和人文相互依赖将起到作用（尤其是中国与西方），同时起作用的还有它们在使用常规武器时较高的脆弱性，更不要说核武器了。

俄罗斯与北约/欧盟在2013—2015年的关系危机表现出，在全球相互依赖的世界中，经济利益与国际安全领域的合作可能会成为政治、地缘政治和意识形态野心的牺牲品。同时，在危机逐渐升级的过程中，不能排除大国间无意的直接军事冲突的可能性。

情况从根本上与冷战第二阶段（20世纪60年代中期到80年代中期）不同，那时地缘政治的潜在“红线”是非常清楚的，而在其他领域则没有直接军事冲突的危险。

而如今，后苏联空间及其毗邻地区的几乎所有区域，以及亚太西部地区和印度洋北部地区，都可能成为权力中心尖锐对峙的舞台。

为敌对国家和非政府军队提供政治、经济和军事援助（供应武器和军事技术）将成为间接冲突的手段。伊斯兰军事极端主义将使用大型武装部队扩展领土以建立准国家（哈里发），他们同时还会依仗美国、欧盟国家、俄罗斯、后苏联地区、东南亚、北非和中非及其他国家的伊斯兰侨民，进行地方性爆炸及恐怖活动。

在核武器作用逐渐减弱的总体趋势下，美国和俄罗斯已官方表示要在非核威慑概念的构想下，积极研发新式远程高精度进攻及防御型武器系统。

在第二层次的有核国家之间，以及有核国家和临界国家之间的军事政治关系中，核武器的作用可能会提高。

因此，战略稳定整体上将退化，而第二和第三情景下（俄罗斯与北约的冲突和新两极格局），大国之间爆发核战争的危险不会消失。

在最尖锐的情景中，防御性和进攻性武器的发展将对战略稳定造成威胁。

在多极化和一体化情景中，俄罗斯与美国的核武器将在2020年后继续缩减至1000枚战略核弹头，在2035年前缩减至最低水平。在这一情景中，在俄罗斯、美国和中国的共同作用下，印度和巴基斯坦可能会在2020年缔结限制核武器的双边协定。

在最乐观的一体化情景中，核不扩散状态不仅会巩固，还将放缓“核俱乐部”的扩大速度。

尽管已经采取了一些措施，侵占核弹药和核材料的危险依然存在，而到2035年前，世界原子能的发展程度很可能提高，拥有核材料和核技术的国家数量也会增加（2035年前，这一数字将从30个提高至45—50个）。为防止这种威胁的出现，需要俄罗斯与美国关系的全面重启，以及中国和其他国家的参与，共同在国际安全体系一体化的情景框架下，通过多边形式，保证核弹药、核材料和核技术的妥善保存。

七、全球化

全球化曾是最近10年世界发展的主要趋势，在未来20年，全球化将进化为更为复杂的形式。全球社会意识碎片化、民族主义和孤立主义的抬头将是全球化的阻碍因素。

与此同时，作为一种反映世界相互依赖性的客观趋势，全球化将保持并加快，这源于世界资本的运行逻辑、金融市场的发展、国家和部门创新突破的推广、生态危机的意识，以及民族问题向全球层面的蔓延等等。

最近几十年，全球化主要方向的重要性将继续保持下去。首先即是通讯、信息技术、生产系统跨国化等领域。同时，技术进步将使旧有领域和行业焕发活力，为传统交通工具现代化创造条件，建筑业将改头换面，农业也将发生变革。

通讯和技术革命，将简化人员和货物的运输，提高人口流动性，加速社会全球化进程，同时为新的技术突破创造条件。

高科技与创新作用的提升将为全球化进程带来多方面的综合性影响。一方面，国家、地区间的技术交流将会加速，全球科学的内部整合将会加强。各国的创新项目在全球科技进步中将具有举足轻重的意义。另一方面，技术复杂化将导致国家间科技发展的脱节，且这种脱节在短期内无法弥合。

未来20年，跨国公司在世界经济中的作用将进一步增强。到2035年，全球一半的商品和服务生产、超过2/3的国际贸易将在跨国公司的控制下进行。大部分跨国公司将具有区域内和双区域特征，而非全球特征。在此背景下，政府和跨国公司间的矛盾可能加深，这源自二者对商业规则制定和更新过程中领导权的竞争。除此之外，大多数国家将逐渐转向“例外式”自由贸易新模式。

一些地区和国家的全球和区域一体化进程将保持分化。欧洲大西洋空间将保持其在全球化中的领导地位。亚太地区，进步将不那么明显，但中国“一带一路”大型战略及其金融机制（亚洲基础设施投资银行、丝路基金等）将成为亚洲全球化进程的新动力。如若成功，该战略将带来全球交通基础设施的全面现代化、世界经济增长的新机遇，以及有利于中国制度的世界投资模式的修正。

在创建跨大西洋和跨太平洋一体化平台的背景下，俄罗斯欧亚空间一体化战略与中国“丝绸之路经济带”战略的对接，可能会形成全球经济共同繁荣的新空间。同时，这一发展的客观和主观阻碍因素会放慢这一进程，使它在预测期以后很久才能实现。

全球化发展最严峻的政治障碍仍是国家主权限制问题。某些反对派将全球化制度视为对自我权力的威胁，因而将“关停”一些国家的全球化进程。

全球化限制因素的作用也将在不同层面表现出差异，如行政、立法和其他一些国家的国内政治制度和文化意识形态差异，教育系统的差异也将存在。

至预测期末，有关新型全球化（全球化新浪潮）的问题将会出现在全球议程中，这是克服现阶段矛盾和瑕疵的尝试。中国将成为这一进程的积极参与者，这将形成一种对影响世界发展主要趋势的竞争。

八、俄罗斯面临的挑战

给俄罗斯的重要战略建议是：在未来 20 年，俄罗斯一定要在世界发展新阶段中找到与其实力相适应的位置和角色，以保持和加强在世界权力和责任层级中的地位。俄罗斯经济的结构性改革，技术水平的提高，在全球市场中更有前景的新空间，将为提高俄罗斯在世界舞台中的政治角色创造最有利的条件。

为此，首先要完成生产力进步的根本性转变，这建立在俄罗斯原料产业技术装备更新的基础上，建立在交通基础设施现代化发展的基础上，更重要的是，用原料出口的收入，推动高科技生产的增长和以世界市场新领域为导向的行业发展。

从这一角度来看，对俄罗斯极其重要的是避免自我孤立和闭关自守的经济政策，继续积极寻找与外部世界加深经济和政治相互作用的路径。

在后苏联空间的角色问题上，俄罗斯与西方的政治冲突在所难免，鉴于此，在预测期前期，俄罗斯应着重在亚太地区寻找建设性的国际互动方式，其中包括在多边经济合作框架下，除了与中国合作外，还要与其他亚太国家合作，以作为与西方国家互动的战略性替代方案。

随着俄罗斯与西方政治矛盾尖锐阶段的结束，俄罗斯应主要加强自我议程设计，与西方在全球发展新阶段积极互动。为此，重要的是，俄罗斯要最大程度上应用“巧实力”，这不仅是为了优化自己的国际形象，更是为了自我议程的推进，并与合作伙伴共同积极自主地参与未来世界秩序的构建。

第一章　思想的世界与政治的世界

在未来20年内，现有思想体系及世界观之间的深刻差异将继续存在，这是全球“思想世界”发展的重要特点。

处于主导地位的仍将是市场经济、竞争、民主、人身自由、法律至上等理念，但它们并不会得到广泛传播。

在多样化、多极化世界中求生的需求，将推动全球进程主体接受妥协型思维模式。然而，还有一些滋生出进攻型思维模式的因素，它们也会继续存在下去。下列因素可以算在其中。

其一，市场竞争和多元政治体系理念的信奉者，在其综合性战略优势逐步消退的情况下，他们面临的诱惑将是借助咄咄逼人的进攻性手段来推广自身意识形态。在全球政治形势不断尖锐化的时刻，这一进攻型思维模式将不断蔓延。随之而来的，是“硬实力”导向的理念，在主要国家和其他实力各异国家的世界观中，这一理念将不断强化。

随着国际政治形势的正常化，主流意识形态在市场经济民主化当中的“软扩张”理念会占据上风。在这一时期，对“吸引融入”和全球化的理念会出现新的解读，“巧实力”的重要性亦将得到提升。

其二，宗教极端主义、民族法西斯主义，尤其是伊斯兰教在政治上的极端体现，是导致进攻型意识形态持续扩张的主要推动力，它会明显妨碍妥协型意识形态的传播。

这一风险具有顽固性，其主要根源在于社会环境——穷国的贫困，教育和信息来源的缺乏；在富国，不同文化信仰者共同生活时产生的心理不适。

其三，一些所谓的“永恒”观念，如富裕国家和阶层的民族自私主义（“我们为何需要解决其他人的问题”）、小富和非贫穷国家的防御性民族主义（“不需要教我们如何生活”）、各色“反……主义”（反美主义、反华主义、反俄情绪等），均会妨碍妥协型思维的传播。

整个预测期内，西方国家对专制政体较为恭顺的实际政策与其自由思想会产生矛盾，这将阻碍对进攻型思维模式的遏制。大国间紧张关系的持续以及伊斯兰极端主义咄咄逼人的扩张态势，会令民主国家为追求军事政治成就而寻求意识形态上的妥协。

实际上，两个异向维度——进攻型思维的扩大与收窄——会在国际舞台上同时上演。局势的变化、两种趋势的此消彼长，都将或扩大、或收缩进攻型思维模式的版图。在危机年代，进攻型思维模式的影响力会增强，而在地区和全球局势稳定、发展风调雨顺时，其影响力则会减弱。与此同时，在预测期前半段，相较与其对立的妥协型模式，进攻型思维模式的扩张将表现得更加强势。

一、全球变化的认知环境

本节的重点是分析全球政治及国际发展认知环境的演变趋势。作为评估对象，我们选择全球范围内在政治方面最为积极的基督教、伊斯兰教与无神论；几种政治意识形态；作为世界观和政治观认知要素的科学；全球意义上精英阶层的政治意识。

全球政治的演化由四大认知版块所决定：一是意识形态体系（包括宗教）；二是历史时期/阶段的政治意识（包括实际的经验教训、教育的结果、普遍存在的真理及成见等）；三是政治进程参与者对自身利益的理解；四是全球政治进程在情绪领域的当下状态。

上面两大版块——意识形态和政治意识——的特点是长时段的规律性。因此，原则上，我们对这两大版块可以作出长期预测。

对于利益版块，在漫长的时间跨度内，只有大型社会区域主体的系统性利益能被预测，预测的基础是评估哪些利益符合维系、强化、发展这一体系（国家、一体化组织等）的目标和任务。与此同时，社会区域体系的客观利益与不同政治进程参与者的看法并非时刻相符。此外，参与者还一直拥有非物质利益。

由于情绪的多变性，对政治情绪模块的短期预测相对可靠。在中期，可能预见的是宏观社会层面的情绪宣泄，即在相当大的社会族群和/或整个社会当中某些具体情绪的消长（如热情、冷漠、狂热、激进等）。而正是政治情绪模块，会对当下政治产生最大的影响力。

二、基督教、伊斯兰教、无神论

严格来讲，只有基督教和伊斯兰教才是毋庸置疑的世界宗教，因为二者能够在诞生地之外广为传播，并在传播范围内拥有巨大的思想和/或政治影响力。其他一些宗教也经常被算作全球性宗教（尤其是佛教和儒家学派），这些宗教的信众可能有数千万、数十亿，这也算得上传播最广，但其文化及政治影响力仍主要局限在发源地。

基督教最主要的历史功绩在于它从客观上催生了两大唯物主义流派——新教和无神论。无论二者区别如何，但将它们在客观上联系起来的，是两者皆看重人类自身的活动，都是通过实际行为来评价人类活动，且都要求将时间视为重要的、独一无二的、无法补偿的资源。

伊斯兰教作为一种宗教教义，具有鲜明的普及性特点。在实际生活中，它的等级因素并没有超出人际关系之外（虽然在其框架内相当森严）。数百年以来，在伊斯兰教的土壤中，未能培育出理性思维的稳定学派。与此同时，作为确保社会团结与稳定的因素，伊斯兰教倒的确应被算作最有效的。作为一种最贴近普罗大众和人际关系基本模式的宗教信仰，伊斯兰教在受到国家以及国际官僚主义碾压时，在贫困且教育水平低下的民众数量大幅增长时，仍然可以大幅扩张自身影响力。对于某些为数不多的统治精英而言，伊斯兰教是确保群体凝聚力的完美工具，因为他们将凝聚力看作全球化世界中得以生存的关键因素。

无神论，从心理角度出发，其实也是一种宗教，只是带有“负号”而已。这是两种截然对立的公理体系，但却建立在同一出发点基础之上，即“正反合”理论。因此，最适宜的做法是将无神论作为一种从宗教到后宗教时代历史过渡性质的意识和心理模式。

三、意识形态：政治演变的趋势

这一节仍将沿用我们在预测2030年的世界形势时所给出的相关定义：意识形态“是指（1）在道德及社会政治倾向方面的一种思想和状态体系，它是历史上形成的；（2）它体现了对诞生时期的思想以及实际问题的情绪化感知和业已体系化的理解；（3）它同时‘屏蔽’了未被标准公理所认知的意识领域；（4）在此情况及特质下，它被社会和/或社会主要政治团体所接受；（5）被他们认定在道德、逻辑、心理上具有合法性，并奉为政治和/或社会活动的切实基础；（6）在相应思想信奉者获得权力后，它会逐步成为宏观社会管理、外交和/或传教活动的基础。”①

究其实质，意识形态是一种载体，将当时社会所亟需的主要特质集中在一起，体现为它能够：

（1）或多或少地勾勒出有关联的、系统性的未来图景；

（2）按照乐见/不乐见的标准，对这一图景的某些要素以及整体进行排序；

（3）发挥社会实践基本公理的作用；

（4）客观上是一种长期性的社会政治经济假说。

鉴于21世纪对于上述作用的需求，意识形态作为一种现象，仍

---

① Стратегический глобальный прогноз 2030. Расширенный вариант / под ред. акад. А. А. Дынкина. М.: Магистр, 2011. С. 37 (рис. 1.1).

然是炙手可热并具政治价值的，至少在未被更加可靠且高瞻远瞩的工具所取代（或完善）之前是如此。

必须强调，宗教之间、教义之间泾渭分明，哪怕它们之间并不存在直接或无法克服的敌意。而世俗性质的意识形态则正好相反，因为它们的特点在于相互影响、结合和融汇。只有伪宗教和极端意识形态例外。

19世纪至今，自由主义思想和社会主义思想一直存在于全球政治当中。如果说它们在诞生之初还是截然对立的，那么在当下，只要政治家和政权愿意，自由主义的很多思想和某些流派是能够与社会主义思想中的社会民主潮流和谐共处的，它们可以共同构建起西方意识形态和政治里的中间派别。

（一）自由主义

当代自由主义早已发展成一种复杂的意识形态体系，当然其某些组成要素和流派之间依然存在矛盾。300年来，实践证实了自由主义的主要理念，它们在今天仍然具有价值。自由主义几乎可以算是仅存的、不向人提出要求而是为人谋福祉的政治意识形态，这是自由主义首要的吸引力之所在。它旨在保护个人权益，包括免遭国家侵犯。改善社会与生活的主要条件是个人财产与自由、个人行为范围的保障，而非国家的发展和巩固，这是今天所有自由主义流派的共识。

许多政党和政治团体均认同自由主义思想的原则、价值观和总体思想，虽然它们在政治进程中相互竞争，但自由主义意识形态的网状特征使它们能够在同一屋檐下共存。自由主义的成就之一是英国和美国这两大社会政治经济体系的创建和长时段下的成功运行。

体现出自由主义极强能力的，是它能够通过不同方式与当代大多数政治纲领（也与这一领域的很多神话和偏见相联姻）相结合。它宽容各种宗教，但却不容忍来自教会的专权企图。它还能与现代管理完美融合，寻找集中化（等级化）和去集中化（网络化）之间的最优组合方法和形式。自由主义的上述特质使之能够在预测期内保持极高的政治能力。

然而，21世纪的头15年里，自由主义意识形态体系内部开始出现分化，这可能会在预测期内产生深远影响。从个体发生角度看，自由主义是一种反封建、反教权学说。在世界最发达地区，即欧洲基督教文化及相应思潮覆盖的国家当中，这些问题早已得到解决。而对于后工业化社会经济所面临的重要问题和挑战，自由主义亟需寻找应对之策。目前，自由主义尚未找到令人信服和行之有效的答案。

与此同时，今天大多数国家的议程并未删除反封建和/或反教权的内容（在某些地区还出现了尖锐化趋势），这从客观上提升了经典自由主义理念及方法之于这些地区的现实性。然而，21世纪以来，美国和西方的政策虽然打着自由主义和民主的旗号，但却从整体上导致各种势力和运动采取反自由主义和反民主的立场。

上述趋势在预测期内可能产生的后果体现为两大相互交织的进程：（1）反自由主义和反民主势力转而信奉自身具有例外性的意识形态，但这并不一定与西方利益相矛盾；（2）一些权力集团和国家组成阵营，意在使自由主义与西方政治分离，打破美国对全球政治解释权的垄断（当代世界什么是自由、什么是民主，什么不是）。

（二）新社会主义

近10年来，全球形成了一种自成体制的政治趋势。从一定意义上说，这是一种初具雏形的思想，我们姑且称之为潜在的“新社会主义”意识形态。它神奇地将所谓“第三代自由主义”和对左翼替代理念新内涵的探索结合起来（究其实质，它是一种适应新形势、新科技政治观念的替代理念）。

第三代自由主义产生于20世纪中期反殖民斗争的具体环境之中，它所传播的原则和方法其实是传统自由主义和社会主义的理念。

自由主义有关个人财产与自由的理念延展至人民自决权和经济发

展权。社会主义的普遍平等与平等权利理念延展至全人类财产（自然资源、科学文化成就等）和“公平的”国际经济秩序——实则是富国与穷国资源重配的新版本。

在第三代自由主义与社会民主主义的交汇处，出现了一种新的政治意识形态流派，它主要关注更广阔社会环境中（国家、跨国组织、全球范围内）的少数派民族宗教、文化和/或其他方面的社会群体。显然，保障少数群体的利益及权利是必要的，但行之有效的、社会可以接受的保护形式和手段尚不明晰，尤其是对少数群体的保护不应当损害多数群体的权益。

苏联模式的破产导致了社会主义理念的危机。在政治领域，这一危机令社会民主思想库中最珍贵、最可行的内容被右翼保守派和中间派政党所攫取。最终，左翼思想消融了，从最发达国家的国内政治中淡出。

近10年来，复兴左翼思想的必要性愈加得到广泛承认，因为其内涵适用于当今及未来世界的种种问题。

但如果这一思想本身未遭遇任何抵制，那么其未来的内涵仍不明朗，这使得探索新左翼思想与探索第三代自由主义思想变得如出一辙。可以想见，需要“未来左翼”意识形态保护的人，不仅是作为社会政治经济创新者的“21世纪无产阶级”，还包括一些企业家。前者是因为其促进社会和国家发展的观念和倡议将深深触及他们的利益，后者则因为其资本仍在集体产权之中。

同时，在预测期内，新社会主义意识形态“星云”将成为“滋补良汤”，从中能够孕育出第五代自由主义（倘若将新社会主义视为第四代自由主义的话）和拥有新内涵的后社会主义思想。总体来说，我们有理由推测，正是在这片“星云”之中，自由主义和社会主义理念正转型为崭新且纯粹的世俗意识形态。

（三）实用主义意识形态

近30年来，与传统宏观意识形态并立的，是一些单一目标的实用主义意识形态，它们只针对一个方向，或只为实现一个目的。

通常来说，建立在实用主义意识形态之上的政治都直观而具体，成效也会在不超过一代人的时间内立竿见影。因此，这种意识形态的有效期大都相当有限。目前最具影响力的实用主义意识形态有两种——“民主”和“可持续发展”。

较之自由主义思想，民主的意识形态内涵已被冲刷得模糊不清，这给各种政治解读和评估提供了可能。代议制民主的理念和实践令这种可能性进一步增强。这种民主制度可以在很广的范围内，操纵规则制定、政治进程以及民调和全民公投的结果。如此一来，在实践中，这种表面民主可能是不民主甚至是反民主的。在贫穷和受教育程度较低的社会阶层中，这会激起或加剧某些相对应的情绪。

21 世纪初，民主作为一种意识形态，经受了一系列挑战。过程和影响很可能会在整个预测期内甚至更长时间段内延续。

向民主转变通常会借助非民主方式，经常还会是军事武力。因此，在专制之后紧跟着的是漫长的过渡阶段。实践表明，过渡唯有满足如下条件才能建立起真正的民主：国家要么拥有民主经验；要么过渡进程一直处于外部力量的压力之下，且这种力量是强大的、连续的和长期的。否则，国家可能回到更加严酷的专制体制里。其后果极有可能是预测期内非民主政权数量的倍增。

国际关系民主化也催生了如下问题：什么应当被奉为这类民主的主体，个人还是国家。个人至上（西方国家所宣称的立场）会给外部干预创造更多政治及法律空间，因为他们可以打着保护人权的旗号。而国家至上（并不一定被大肆宣扬，但事实上却是很多国家都认同的立场）则有助于保护国家免遭类似干预。鉴于全球和地区统治精英的分层日益加剧，在上述两大立场的交叉点上，可能建立起一种将民主与专制相结合的体系，为全球治理的利益及目标服务。

现实意义上的民主要求展开大量协商。国家管理机构、国际组织和公民社会机制的这一职能，或多或少都具有官僚主义性质。从这一意义上讲，民主与官僚制度是不可分割的，尽管后者在没有前者的情况下会更加惬意。对于发达的现代化国家、经济体和社会而言，将生活引入法律轨道，实现对它的治理与巩固，捍卫必须的权利及利益，确保应有的社会保障水平和公平竞争，这都是不可缺少的特点。

近几十年来，官僚制度对于个人的压力增长了很多，并将继续快速增长。

在追求调控一切的过程中，在与各种非法行为的较量中，很多相互矛盾的规定被采用，这给绝大多数守法公民、公司和组织带来了难以忍受的生活和道德困扰。在预测期内，这一状态的持续势必导致社会道德领域发生不可逆转的深刻变化。该趋势的发展将在全球层面和国家层面，引发所有形式的官僚体制危机，无论是国家的、非国家的还是国际的。

酿成这一危机的原因有很多，其中最主要的是官僚体制趋向于中央集权的等级性本质。额外的风险因素则在于某些国家和众多国际组织中几乎不受监督的官僚机制和滥用职权。

对发达民主国家来说，完善且有效的官僚制度是非常典型的。因此可以预期的是，在这类国家，官僚体系危机会表现得最为尖锐，并可能对国际金融经济和政治关系带来诸多不良后果。与此同时，在政治及意识形态方面，官僚制危机也会引发民主作为一种政治制度的危机。

可持续发展的意识形态在近30年来逐步形成，目前已具有政治稳定性并在国家及全球治理当中得以推行。

但与此同时，在这一意识形态之中和实施过程里皆存在矛盾之处，这会在未来不可避免地导致某些国家和国际组织的内部政治冲突。

原因主要有如下几点：

在描述和评判人类活动对自然界的影响时，科学、专家团体和管理机构缺少构建人与自然关系长期战略的系统性理论。即便能够提出这一战略，也缺乏足够的科学知识和相应的实施手段和方法。

在此背景下，许多国家已经开始怀疑，环境和气候问题甚至可持续发展这一意识形态，是被用于实现全球治理的利益和目标（其中包括遏制潜在竞争对手的发展），而不是用于解决环境问题。

有效的可持续发展政策要求采取额外的措施与调控机制，假设它们都是有益的，那么这些措施和机制会令经济（或许还包括生活方式）脱离经典自由主义的理想及标准。这意味着在所有层面上制定、批准、实行这些措施，很可能伴生政治和意识形态冲突，这不仅与措施本身有关，还与它们原则上的意识形态接受度有关。

在政治心理方面，可持续发展的意识形态显得更接近社会民主主义，而非自由保守主义。这里的矛盾之处在于，从其诉求来看，这一意识形态是中偏左的，而在国际实践中，它的表现客观来讲是保守的。在预测期内，可持续发展意识形态的政治前景取决于新兴经济体和国家是否视之为发展途径及手段，它被视为不得已而为之的措施，还是调整增长方向和速度的一种外部压力。

（四）准宗教意识形态

神权政治、民族主义、技术专制主义这一系列准宗教意识形态具有若干共性，在宗教、民族、教育等领域，它们都是例外论的意识形态。

在全球化情况下，类似的例外性便意味着或多或少的闭关自守。然而，由于受到合理动机的推动，大量精英和社会群体将例外论意识形态当作政治热门。

一个或几个国际行为体推行“分而治之”的政策，例外论意识形态是这类政策取得成功的重要条件。这是例外论受到追捧的另一个重要因素。

四、世界观与科学

21世纪初，自然科学成就与人文社科发展形成了巨大反差。前者主要体现为科技革命和现代世界的物质技术样貌，而后者仍继续从假设出发，研究采自过去意识形态的范畴。

自然科学人员试图利用本学科方法解决经济政治问题，但未获成功，反倒使自然科学在政治家、人文学者心目中的威信不断下滑。重要的是，它的失败表明，相较研究无生命物质的科学，有关生命、人类和社会的科学是迥异的知识，它需要另一种哲学和方法论范式。

自20世纪下半叶开始，科学思维中出现了一系列重要的哲学和方法论进展。

一切始于系统性研究方法的出现，它把科学从研究个别现象、进程和因素转向研究整体。系统性方法开始使人思考系统种类、发展与运行逻辑，以及导致其出生、变异和灭亡的特性。对上述问题的探寻需要“科学合成”，这将成为所有科学共同体的重点。

信息手段及技术及其管理手段的快速发展，要求我们把科学关注点放在认知问题上。同时，在某些社会生活领域（政治经济、国际关系、对外政策等），许多创立理论的尝试均以失败告终，这让很多学者得出结论，即在这些领域里，最合理的做法与其说是寻找外在规律，不如说是从某些（现实的、潜在的或假设的）参与者的立场感同身受地进入特定进程。

人类和科学使用着一些概念和观念，而认知研究已经开始分析这些概念和观念的个体发生。表面上看，一些研究范畴很明显是从科学出现之前的知识，以及哲学、宗教和意识形态中借鉴而来。然而，认知研究方法更加深刻地提出了日常及科学概念的心理根源问题。

在预测期内，这种意识能让我们以崭新的视角来看待具有重要社会、政治和意识形态意义（例如公平）的概念内涵，以及社会和人文学科的研究对象与目标。因此，仅从“光明面”分析（即被道德和法律所允许和承认的），而不将“光明面”与“阴暗面”视作统一整体，这种学科从科学角度而言是站不住脚的。当科学开始将生活和个体的所有方面作为一个整体来研究时，很多理论将遭遇重大修正，或被摒弃。

第二章　人的世界和国家的世界

政治世界被迅猛的冲突浪潮所湮没。对立具有复杂性和多元性，其中交织着政治利益和经济利益，以及社会、民族文化、民族宗教等因素。因此，找出政治趋势的大致原因是不够的，用相对单一的方法来预测也是不行的。换言之，由于当下社会进程具有多向性和多维性，预测社会政治变化应当综合分析各个层面的不同要素（如政治体制、结构功能、全球体系、社会文化、政治心理等），并兼顾社会和政治体制变革趋势，人类意识、价值观、动机及需求体系的发展，进而将它们汇聚到同一坐标系之中。

人类可以支配大量智力资源和物质储备来革新和完善现代社会关系体系。而要使发展臻于完美，则要求社会制度根据社会的新任务和新挑战，具有针对性地持续完成现代化。

现代社会的根本特性和独特之处在于人的“自我现代化”。人是社会变革的主体，在其精神及道德基础之上，社会变革要求个体创造力的发展。

然而在预测期内，主要的社会发展动向是无法预估的：人类安全威胁逐渐增强，政治秩序的不稳定性也在提高，这对社会意识形式提出了新要求。但这种要求却呈现出无法被满足的趋势。不仅如此，当前社会发展模式的局限性孕育出系统性的社会危机和道德挑战，而技术创新却没与这些危机和挑战同步发展。

需求和发展手段之间的失调日渐严重，这将增加现代社会的冲突能力，降低政治调节的适应能力。解决冲突的资源是存在的，但在预测期内，统治精英冷静客观地评估这些资源的能力、有效协调利益冲突的能力，将决定国家社会的富裕程度。在很大程度上，政治精英们的协商能力取决于公民将重要社会需求变成有效公共政策的意愿。换言之，它取决于负责任的群众性政治的实力，以及政治制度保障的充分程度。

一、社会发展的挑战和风险

国际经济政治体系的发展呈现出非线性循环的特征，鉴于此，在全球性制度、社会文化和思想政治方面，世界秩序的重构和全球发展的重大变革势必将在预测期内发生。①

决定创新时代发展动态的“知识经济”，并不能缓和社会异化现象，也不能缓解生命资源（清洁的水和空气、安全的食品等）短缺的加剧。只注重技术实力的增长，却不对其造成的道德和社会心理影响进行系统性考量，或只将社会工程学原则奉为圭臬，“知识经济”本身并不能支撑起人类存在的意义。

每一代人总会遭遇新的问题，并需要通过新的协作形式去加以化解：今天，这体现为气候、移民、传染病预防、食品安全等方面的调节机制。全球性威胁将不断增长，而高效国际调节制度的形成或许会成为应对之策。在预测期内，在这条道路上能否顺利前行，很大程度上取决于一些主观因素——是否能够意识到威胁的特点和影响，以及决策者对这些问题进行冷静评估的能力。近几十年来，主要特征是通过不同的公民自组织、直接民主、网络互动的形式，来探索政治和非政治参与的新机遇。能够预测的是群众运动的发展，该群众运动对负责任消耗、社会安全、有效国家治理和公民管控有重要意义。但同样可以预见的是，具有破坏性特征的群众性抗议将会出现，且不仅出现在不同政体国家（包括民主国家），其跨国特征

① 参阅 Глобальная перестройка / отв. ред. А. А. Дынкин, Н. И. Иванова. М. : Весь мир, 2014.

也将显现，这种抗议情绪还将被极端民粹力量利用。

随着政治制度发生转型，社会意识进步，对明确目标的探索也将继续。伦理道德挑战的不确定性和重复性也将增强，人们尝试从心理上适应这一新情况。国家和社会将在“冲突政治”条件下共存，化解冲突的建设性机制将被引入，这将是民主政治秩序的常态。但政法调节机制（包括司法系统）的有效性不足，可能导致社会生活调控硬性机制的推行。当威胁侵入个人生活，且人们未被保护之时，对社会保护的需求将与个人自由和公平的理想产生矛盾。

在社会和文化安全威胁愈加扩大的情况下，日常生活将成为积极政治调节的对象。

社会对于有效调节模式和机制的需求，会在未来20年内对政治转型产生愈加显著的影响。在应对当今社会日益增长的政治秩序动荡、社会文化对立的过程中，这一需求将会形成。随着社会安全诉求不断增长，上述矛盾将日益加剧。民族文化碎片化和社会分化的风险愈加强烈，这将促进对现代社会团结手段的追寻。在预测期内，多元文化社会的迫切问题将是“多样性管理”和认同政治的重构。多元文化社会的生存能力与未来，与一些尖锐问题相伴而生，如文化多样性的界限，以及将它用作发展源泉的机遇和路径。

多维度的认同冲突——不同文化规范与实践的载体之间、原生群体与外来文化之间、中央与地区之间——将成为政治和社会变革中的关键因素。

从这方面来说，社会生活的最薄弱环节当属民族关系。打着身份认同冲突无法解决的旗号将民族问题政治化，正在成为实现政治利益的强大武器。其背后却是对资源和势力范围的争夺，以及冲突挑起者提升自我地位的企图。这样的冲突将被包装成某些族群为争取经济及政治自治权的斗争。其必然后果便是现今民族区域国家形式的分裂，政治经济治理组织新形式的出现，例如跨国种族区域组织。

作为多种分散性认同相互作用的过程和相互作用的产物，民族关系将成为社会发展风险和不确定性增加的领域。

难民潮和经济移民潮涌入欧盟富裕国家，将推动福利国家的重构过程，并促使人们去探索移民（尤其是外来文化青年人）的有效整合方式。

在预测期内，对民族（民族语言、民族宗教）身份认同加以政治利用，并作为社会动员的手段，将成为发达民主国家政治进程不可分割的一部分。在经济发达国家中，社群围绕自治的要求而团结起来，这将依托健全的公民参与形式，并在西方国家变得愈加普遍。民族主义新浪潮反映了“不要国家的民族”对经济独立和政治自决的追求，其背景是全球化、跨国一体化及超国家一体化进程不断发展，以及民族国家主权概念的“修正”。

现代社会需要文化多样性及其在多种认同中的巩固，而现代社会团体在社会文化和价值观方面的统一性却与此相左，二者的矛盾将成为政治及民族社会冲突不断滋生的源头。

新民族主义思想打着为经济和政治主权而战的旗号，将被全球化对抗中不同思想导向的政治力量所利用。今天，它被充分应用于极右政治和非系统性的民粹运动之中。源自民族认同、领土认同、政治社群认同的斗争将充斥在预测期内，英国于2016年6月的脱欧公投便是这一转折的清晰信号。

二、社会政治转型的主体

（一）政治进程的新成员

社会发展的多元性和多向性将会进一步提高，政治进程参与者的范围将不断扩大。与国家、跨国及超国家机构、国际组织、商业集团一样，发挥积极作用的还包括地区、城市及其联盟、政党及社会政治运动、利益集团、公民及宗教团体、网络化组织、侨民及其社团、专家团体和公共知识分子（尤其是那些参与媒体空间打造及社会意见形成的人）。

一体化进程将推动跨国政治空间的形成。混合型的新型政治空间

也将应运而生，它集国家、国际组织、超国家联盟、跨国宏观区域的特点于一身。

类似的空间性布局可以是制度性的，也可以是临时性的（以政治团体的共同利益为基础）。

侨民“世界”现象是一种由普遍认同构筑起来的非制度性政治空间，它预示着国际秩序在未来可能出现新形式和新布局，跨境互动的重要性也将不断增强。侨民“世界”将整合从前的殖民帝国空间、族群和宗教社团，无论它们的成员生活在“母国”还是国外。

在国际政治当中，主角将是那些按普遍网络原则而非等级原则运作的尚未结构化的政治团体。较之传统的国际政治主体，这样的利益集团拥有重要优势，它们能够通过非正式网络互动动员影响力资源。随着信息资源作为政治转型要素的价值不断增长，不只是政治决策精英，还包括那些构建社会讨论空间的人，如公共知识分子、科学、教育、文化界人士等，其个人责任感也会不断提升。有关责任感的问题将成为当下政治议程中不可分割的内容。

（二）流动性：作为社会结构失衡的一个因素

极高的流动性将推动民众意识和行为的进步，并冲刷世界的惯常面貌。来自军事冲突及人道主义灾难地区的难民是全球移民潮中数量最多、最缺乏生活保障的一部分。此外，那些所谓的“新游牧民族”，即在职业、心理上不属于任何具体的社会群体，在跨国公司、国际组织等机构的项目中从事临时工作，并随着工作地点变化而“飘泊”的人，其数量一直不断增加。而令这一队伍更加庞大的，是更多不参与或极少参与生产过程的人（从事脑力劳动的自由职业者、短期合同工或完全义务劳动者），他们试图追寻更好的生活条件。

接纳他们的社会将他们视作对社会结构稳定的威胁，他们对社会的压力也将显著增长。这种压力令民族国家的发展前景问题变得日益重要，因为民族国家具有严格的政法地位，是现代世界秩序合法性的基石。

（三）国家政权运行的去中心化

在社会发展中，国家仍是关键的、但并非占主导地位的参与者。

传统代议制在运作过程中的危机现象日益加剧，在此背景下，通过对体制本身进行“垂直”去中心化和“水平”分权（将社会调控的广泛权力赋予公民组织和团体），社会对高效管理的需求将可能得以实现。公共部门的分权可采取如下方式，即把社会生活组织方面的权力交予地方性社会团体和公民自我组织机构。

在发达国家的政治进程当中，国家权力和管理的去中心化趋势将随着对地方政策高效性的需求而不断增强。在上述进程当中，因大规模的基础设施建设而形成的城市圈和区域发展地带将发挥积极作用。

在一体化进程当中，次地区实体（国家中拥有不同政法地位的地区）将发挥显著作用。联邦化进程将推动建设性方案的出现，并进一步优化管理决策。与此同时，它的负面影响在于可能滋长经济利己主义和政治分裂主义，催生新的政治冲突策源地。在政治进程中，以推动本地区发展为优先目标的区域和城市运动将会增加。在经济资源分配方面，此类政治参与者的联盟网络将与权力机关和企业展开竞争。

（四）政治行为的新形式

政治家和政治制度可信度的下降将催生新型“参与民主制”的出现。在政治互动当中，大规模抗议团体将发挥更加显著的作用，它们的特点在于缺乏成熟结构基础和长期行动战略。政治行为的各类“非政治”形式出现，预示着传统民主的政治面貌将发生改变，其流动性也会增强，政治重构将变成政治进程的常态。

在西方政治版图的各个侧翼，所有准政治组织的实力都会增强。这类组织不仅直接影响政权的政治议程，还会在很大程度上充当议程制定者。它们迫使政治精英对民粹话语作出回应，并重视尖锐批评传统政治的社会情绪。

公民参与的新形式将推动所谓“诉讼民主”的发展，它指的是政治制度的持续微调和社会监督机制。公民参与的核心议程在于普及对社会生活某些领域进行民主监督的形式，以及推广经济及金融主体对自身行为负责的有效机制。在这些进程的背后还有一系列问题，包括克服公民之间、为其发声的公共机构之间的异化现象，以及优化国家管理机制的必要性。

这种管理组织的替代品是官僚机器的急剧臃肿和官僚们的抱团，他们是“为己谋利阶层”，其显而易见的后果是社会失范和异化，政治体制朝着专制的方向演变。这一趋势将在预测期内使一系列属于“发达民主”和“新兴民主”范畴的国家朝“准民主”方向发展。

三、“负责任发展”的资源及前景

（一）公民自我认同模式

国家的建设和改革进程、公共社会政治空间的形成和维护过程是国体和民族国家主权的基石。在这些过程的中心是公民认同感的形成和人们之间水平联系的保持，其基础是同胞感以及社会福利保障。社会发展优先项与人们生活的价值基础如何协调，这一问题变得愈加重要。

在发达民主国家，公民认同将构建政治认同，并决定民族认同的内涵，协调人民与国家的关系和公民在公共领域的互动。作为凝聚大大小小政治团体的要素，公民自我认同的价值将不断提升。若自我认同处于低水平，则会变成社会凝聚力的严峻挑战。然而，公民认同与政法制度之间的关联性将日益模糊。在不久的将来，或许会出现超地区的公民制度，其中包括建立在泛认同感（“泛伊斯兰”

“泛欧”等认同）基础之上的侨民等要素。

然而，对于浸润在全球信息通讯洪流之中的人们而言，其世界主义价值立场与公民忠诚度之间有着本质上的系统性冲突，因为公民忠诚度首先是针对国家而言的。这种冲突还有加剧之势。在公民制度的去民族化与再民族化之间，在跨国自我认同模式与国家自我认同模式之间，在公民忠诚与民族忠诚之间，存在着根本性矛盾。它们是截然对立的发展趋势，并预示着政治冲突的扩大。

目前看来，公民认同的包容性本质与公民制度外部界限之间的矛盾无法从系统层面解决，因为公民制度是一种“隔离”制度或“将人划归国家”的制度，它将“自我”与“他者”分别开来。在预测期内，这一问题的解决之道将成为专家科研的关注点和公共政治议题的一部分。

在文化多样性增长的情况下，维护共同的社会生活规范和共同的发展目标，将成为政治正确的挑战和政治激辩的对象。而在个人生活风险及威胁日益增长的情况下，建立共识，将发展看作社会契约的基石，将成为社会和文化政策的优先内容。

民族国家生命力的指标包括：社会生活各层面的对话文化、信任水平、管控能力，以及为避免“被管理者”对政治制度失信的“管理者”问责制。

信任文化正在成为当代法制国家的发展基石。但其对立命题——“失信文化”也显而易见，它指的是对于政治精英和政权流派的不信任之感，包括对代议制民主的不信任。

（二）发展动机的危机

发展动机正在遭遇危机。在此背景下，当代发展模式是否存在系统性的替代方案，这一问题应运而生。以提升消费为导向的市场模式无法给社会发展带来质的飞跃，因而也无法应对社会失序的挑战。在当代发展模式的批评者看来，公民自组织以公益为名开发社会资源，蕴藏着系统性变革的源泉。

其他变革源泉与生产消费替代类型和新的生活方式息息相关，而在这种新的生活方式之中并没有大众文化和消费社会的容身之地。

然而，无论在实践上还是概念上，各色发展潜力尚未汇聚到替代性发展的同一轨道中来。因此，在向替代性消费模式过渡时（新能源、环保型交通工具、用生物添加剂取代普通食品），成本收益计算尚不能确定它的绝对优势。而向替代性发展系统性过渡的机遇也不属于当今时代。

时至今日，市场经济的现实与需求和诱因并不一致，因此，人们需要寻找的主要是适应这种现实的轨道。在预测期内，发展话语和政治实践之间的分歧，社会需求与政治回应之间的分歧，将持续加剧有效管理需求和制度保障需求之间的脱节。

在党派政治和意识形态惯常框架之外，还有另一种发展动机。有威信的宗教活动家、著名公众人物和公民社会积极分子均提出了相关愿景。宗教思想和世俗经验之间的对话可以为探索替代性发展模式提供动力。

追求愿景的理想可以定义为“负责任发展”。

选择可再生能源作为主要发展资源，首先要扩大社会创新的智力资源，并增加日常生活的非物质刺激。而从长远来看，我们应当回到两个问题上来：一是发展的伦理动机；二是寻找政治经济保障的适宜路径。

人类生命活动的风险和威胁愈加难测，在这种条件下，我们的迫切任务是研究社会转型的多元模式，要能顾及社会转型的主观人性向度。社会科学的重要课题将是建立一种人与社会发展的模式，且这种发展能够适应新的挑战。

然而，“负责任发展”优先项的确立将在预测期后完成。近几十年里的迫切任务将是抵抗“不负责任的发展”。

对政治进行道德判断的能力，人们捍卫政治生活民主原则的意愿，社会福祉的重要性，正在成为负责任发展的决定因素。

四、站在新型发展模式前的人

向各式社会互动中引入个体（个人赋权）的需求，将带来一种现代社会民主发展的维度。在这一互动过程中形成了“政治人”——有责任的公民，他们开启新的社会经验，旨在确定现代社会中的公民认同。

大众政治新形式的出现将依仗社会通讯新技术的发展。在预测期内，要让有创新精神和创造力的公民和社会创作主体参与政治，就要以发展信息技术和多样的网络互动形式为基础。众包模式已然进入政治自组织的工具箱。人们需要政治参与和非政治参与（具有建设性和破坏性特征的社交网络）的新机遇，在这一需求的影响下，新型“行动技术”将快速发展。该领域将在最近几年成为国家高度关注的对象，无论是否会采用某种法治手段调节互联网。

与此同时，个人期望之间的矛盾将扩大，一方面，这与信息领域和消费领域的快速发展有关，另一方面则与心理成本有关，且这种心理成本无法通过社会资本来补偿。在此情况下，个人发展与社会制度需求之间的失调将进一步扩大。人们为维护生活品质而务必作出重要选择，并希望在社会互动中实现这种选择。人们还要找寻一种心理状态去适应这种选择的必需性和来自信息流的压力。

人们将开始研究新的发展资源，这不可避免地将影响其心理状态。“2035时代”的世界图景将显现出价值目标的细化性和不可持续性。当个人与不同的群体和社团建立联系时，通过利益多元化和快速交换的方式，对自我身份认同的需求将得以满足。虚拟文化创新形式的出现，以及创造性经济和“印象产业”的发展将促进这一过程。俄国学者格·格·季立根斯基利用基础强度的概念，提出了个人社会生活重要需求之间的永恒冲突——独立于社会的需求和依赖社会的需求，这体现出人们在所有生活领域里都将遭遇的两难困境。其结果是，自我身份认同的不确定性将会提升，并诱惑人们去寻找复杂生活问题的简单答案。将个人存在的问题推向边缘意识是危险的，这种危险还将愈加显著，而对于社会生活的组织来说，其后果将是无法预料的，人类个体性、完整性和独特性的重要意义开始存疑。

现代社会互动本质的根本性变化将建立新的时空现实，并创建现代人生活环境的新标准。这是信息和信息技术对社会身份认同的影响。全新社会沟通环境的形成亦将意味着现代性的根本性变革。它将表现出人类个体性的系统性挑战，因为它将追求其全部“承重结构”的改变，包括精神领域、亲密关系、伦理动机和个体主权。

在互联网、媒体或大众消费社会的日常生活中，包融性和联系性的新现实将在人们的不记名沟通中形成。快速且大量的信息流、信息变革中渐强的沟通压力将与社会时空相联结，像瞬时拍照一样反映并记录社会生活的流动性特征。

沉浸在这种环境中的人们处在生活策略选择的假象前。在信息流中，他们将变作竞争性“方案”，通过改换行为印象、风格与模式，不知不觉地替换生命的意义。

新现实将迫使人们进行身份认同的快速转换。同时，认同的不可持续性将使人类个体性的基础和本质遭受侵蚀与损害。多样性、嵌合性和不可持续性将在认同变化中起支配作用，并成为人类精神发展的系统性障碍。

对精神目标的迫切需求并非源自现代社会秩序，相反，它被现代社会秩序所侵占。这种需求将提高宗教因素在前世俗传统主义社会和后世俗“流动主义”社会中的意义。宗教意识的增强将是对道德相对主义扩大和放纵式消费普及的一种回应。

人们的世界观和伦理选择将成为社会发展的重要动力。

在自组织和调控之间、创新与传统之间、社会性和个体性之间寻求平衡是根本问题之所在。这要求政治和非政治互动中的主体做出持续、积极、明确和多方面的努力。作为最重要的价值观，对公共福利的理解和自我节制的意愿将成为公民成熟度和社会现代性的指标。社会政治制度对新现实的设置能力将决定政治系统的生命力、民主的质量和社会步入发展轨道的可能性。因此，社会文化现代化将具备价值观和存在主义意义上的双重维度。还有可能发生的情况是现代社会落入“发展停滞陷阱”，在社会政治变革初生之时，这一系统性挑战将决定这一变革的范围。

第三章　创新的世界

一、跨入创造性破坏的全球经济

在预测期，技术与创新将依旧是全球发展的重要驱动力。从2020年开始，创新领域将从根本上活跃起来，与此相关的是解决社会经济和生态问题的必要性（图3.1）。

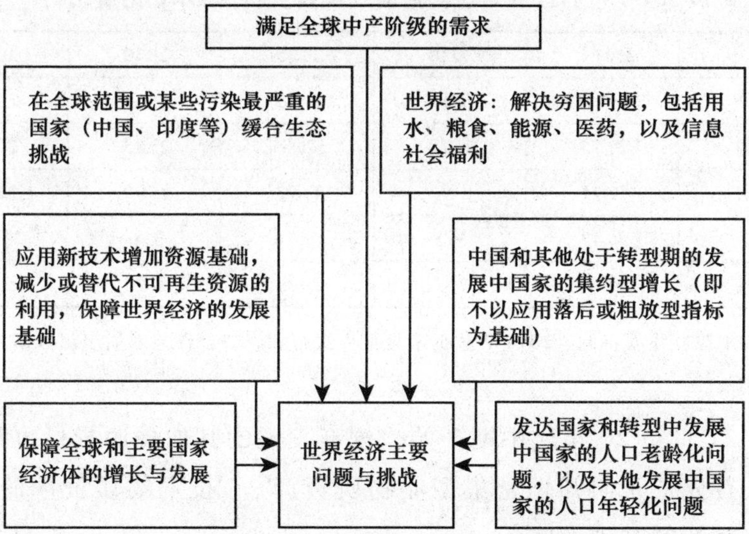

图3.1　世界经济的主要问题

为此，世界亟需突破性创新，这将开启积极创新型发展（“革命”）约10—15年的新周期。这一变革很有可能开始于21世纪20年代中后期，而在此之前，将积累足够的技术和市场潜力（商业模式、应用实践、需求），形成包括管理体系在内的制度条件和人力资源。

在预测期结束之前，最发达国家中与市场紧密相联的突破性创新将步入成熟阶段——具备调节机制和不可或缺的制度修正/建设能力。创新发展浪潮向发展中经济体和创新边缘国家（“螺丝刀装配”国家、原材料供应国等）的扩散将延续至预测期结束之后。

二、知识经济资源

与过去20年里相同，世界经济知识密集程度的增长将快于全球GDP的增速，特别是在创新爆发时常出现的情况下。预测期结束之前，世界经济的知识密集度将从2014年的1.9%—2%提升至2.14%（表3.1）。

表3.1 世界经济知识密集度（科研支出占GDP比重，%）

	2014	2020	2025	2030	2035
世界	2—2.12	2.12	2.13	2.14	2.14
美国	2.75	2.78	2.8	2.83	2.85
欧盟	1.91	1.93	1.93	1.99	2.01
日本	3.45	3.5	3.6	3.6	3.6
中国	2.09—2.1	2.2	2.23	2.25	2.3

资料来源：作者自制。2014年数据来自世界银行和经济合作与发展组织数据。

从21世纪20年代中期开始，创新发展的其他资源指标也将更加完善，首先便是向知识密集型非物质资产①和技术物质资产的投资，其中包括新的基础设施。

最重要的全球趋势将是非物质资产相对固定基金的飙涨，以及知识密集型非物质资产占GDP比重的增长。非物质资产投资与固定基

① 按照经合组织的命名规则，知识型资本（Knowledge – Based Capital，KBC）包含传统的知识产权、程序保障等，以及组织和人力资本。

金投资的比例在大多数转型国家中将达到1.2—1.5∶1的水平。而从21世纪20年代中期开始，这一比例甚至可能带来工业的复兴和基础设施建设的发展。

美国将在投资量和增速上保持领导地位，欧盟将依旧占据第二的位置（投资效率很可能相对较低）。21世纪20年代中期，日本亦将积极地向知识密集型非物质资产投资倾斜（不包括研发和信息资源）。韩国将保持固定基金向中高端科技产品的投入力度，从而更加积极地投资知识密集型非物质资产，但这一情况不会早于2020年。中国和一些快速发展经济体的明显改变则不会早于21世纪20年代末和30年代初。

三、国家创新系统

重要趋势是一体化跨国创新集群的形成及其开放性的增加——依仗主体和因素间（制度、知识经济类的代表——大学和科研机构、风险投资等等）的相互促进，国家创新系统的界限将会消弥。这一过程将带来一系列效应（图3.2）。

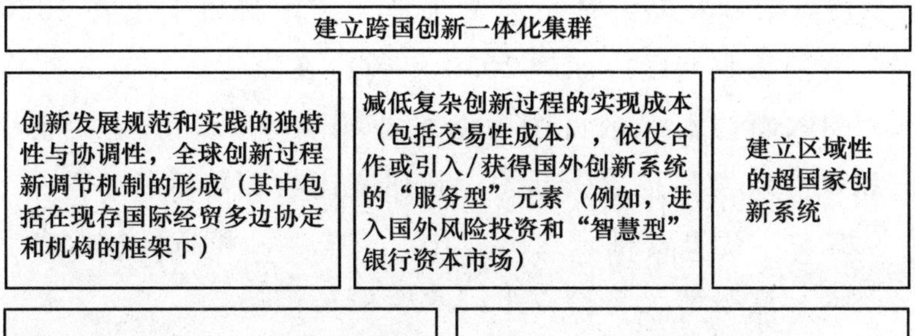

图3.2　国家创新系统一体化过程的成效

在未来20年里，全球创新系统的结构和层级不会发生剧烈变化，尽管一些国家和地区的具体作用和位置有所改变（表3.2）。

表3.2 一些国家和地区在全球科学研究中的比重（%）

	2012	2013	2014	2020	2025	2030	2035
美国	32	31.4	31	29.1	28.5	28	27
欧盟	23	22.4	21.7	21	20.6	19.8	19.3
日本	10.5	10.5	10.2	9.5	8.9	8.5	8
中国	15.3	16.5	17.5	20.3	21.3	22.3	23.3
其他	19.2	19.2	19.5	20.1	20.7	21.4	22.4

资料来源：作者自制。2012—2014年的数据来自世界银行、经合组织、美国国家科学基金。

在创新领域占据领先位置的前提仍旧是国家创新系统建立、发展、应用创新活动成果的能力，这首先要依靠制度因素、市场规模、需求的“专业化细分”，以及向科学研究和知识密集型资产的投资。

（一）美国

由于预算限制及经济危机遗毒未消，美国科研支出在2020年前不会超过通货膨胀速度。而到2030年前，在通货膨胀率3%—4%的情况下，引入新技术平台将使大型企业、某些私人企业（较小程度上的）和政府焕发科技投资活力，科研支出将逐年增长。

竞争增大，竞争者科研支出上升，某些学科和高科技服务行业相对地位下降，这些情况将被以下因素所填补：

1. 持续将能力和资源投向最有前景的方向（包括先进信息通讯技术、生物技术、脑科学和认知科学、某些航天科研方向等）。

2. 美国经济主体向开放型全球创新模式转型，一部分科技任务将承包出去（包括外国承包商），一部分则通过其他融资形式实现（风险投资、众包等）。

3. 群众性知识密集型非物质资产投资。

4. 提高科研支出将依仗如下方式：

（1）吸引国外最优秀的研究人员（占科研人员就业结构的50%）；

（2）将美国科学综合体打造成科技交流和学术思想“交叉授粉”的全球性平台，使新思想、新知识及其综合作用不断流入；

（3）新型科研网络基础设施的发展（解决科研任务的数据基地、人工智能等）。

与科技行业相似，美国风险投资业将保持发展态势，并以最具前景的产业方向为导向。为了风投业的健康发展，消除2000—2010年间美联储低税率下证券投机行为激增时期积累下的问题，该领域在2010—2020年间出台金融行业破产预防措施的可能性较大。

对美国而言较为普通或前景黯淡的工作和风投，将进一步“迁移”至中国、印度和其他快速发展的风险资本市场，这也满足了这些地方“中产阶级”的投资需求。因此，由于外国风险投资的增加和新型金融工具的出现，美国在全球风险投资中的比重将从当下的40%—50%降至20%—30%。

美国风投市场的重要特点仍是对全世界优秀学者和专家的吸引力（至2035年将吸引全世界40%的“创客”①）。依仗着市场、制度和社会文化因素，这种吸引力将削弱其他竞争国家的科学创新能力。

美国金融市场的发展也很重要，它不仅坚实地保障创新行业的资源，还将形成反映未来发展特点和创新活动方向的新型金融工具。到21世纪20年代中期，众包和其他创新活动融资手段将“竣工”。

到2030年，美国将在市场总量和创新产品需求两方面保持领先，其基础是大众消费经济模式和对其主体（大量人员具备技术素养等）

---

① 美国现今逾38%的科研人员、超过24%的小微创新企业创业者或合伙人、硅谷超过40%的创业者都是外国族裔。参阅 McBride S., One quarter of U.S. tech start - ups founded by an immigrant: study, Reuters, Tue Oct 2, 2012, http://www.reuters.com/article/2012/10/02/us immigrants startups stu dy idUS BRE8910I020121002/（дата обращения: 25.05.2015）.

的较高要求。

随着人口老龄化和中产阶级增速的变化，消费需求结构和特点亦将改变。科研部门的一些与建立消费电子、应用和内容相关的功能（目前重要的创新市场）将会消失。这与普通技术和一些消费决策类别相关（例如大部分的软件应用）。然而，信息通讯技术优势仍掌握在美国手中，这来源于其在产品工艺和专长方面的优势地位。

在信息通讯技术、机械制造和医疗卫生领域，大型跨国公司将保有巨大的市场支配力。而从21世纪20年代中期开始，在医疗卫生、基础设施（包括能源）和工业领域，很有可能出现新的提供综合性、专业化解决方案的知识密集型跨国企业。

另一端是小而精的创新企业（首先是风险企业），它们是新技术的源泉。21世纪20年代中后期，随着新技术的应用，中等技术企业的发展循环将会开启，这是再工业化的结果。新的私营中小企业将更加国际化，虽然竞争不会非常激烈，但它们作为独立的商品和服务供应者，其作用将会提升。

美国商业的主要竞争优势仍是产品创新能力、信息通讯技术、人力资本和组织资本，以及最优化使用全球创新资源的能力。在世界100强和500强中，美国公司将被中国和其他竞争者所挤压，但从利润率和前景预期方面，美国公司仍将跻身最成功之列。

能够衡量美国商业领导力的领域还包括信息技术、应用领域不同的生物技术、一些种类的机械制造、航空航天技术、私人服务机器人、重要的科技服务，以及医疗卫生和教育。

尽管美国将增加国内生产并保持创新领导力，但在相关产品贸易赤字小幅下降的情况下，它在高科技产品/服务生产和全球出口中的比重将持续下降。到预测期结束，知识密集型服务的生产和出口将扮演最重要的角色，并成为美国跨国公司和中型企业的收益基础。

（二）欧盟

预测期内，在科研支出方面，欧盟将被中国超越从而下降至第三位。尽管欧盟将保持较高的高端产品创造能力，但其创新能力将在预测期结束时从根本上逊色于美国。

其主要原因在于欧盟创新经济突破性发展的制度限制（如图3.3）。

从客观上讲，克服经济衰退的影响非常复杂，但除此之外，无法建立完善统一的欧洲研究空间，并使之成为保障国家能力协同作用的多层次系统，仍是限制欧盟创新综合体增长性和有效性的重要因素。该过程将至少延续至21世纪20年代中期，其后才会出现显著有效的协同作用，其中包括在创新领域建立统一的市场、制度、规范和步骤，建立稳固的泛欧洲企业网，创造以市场为导向的科学活动经验与实践。

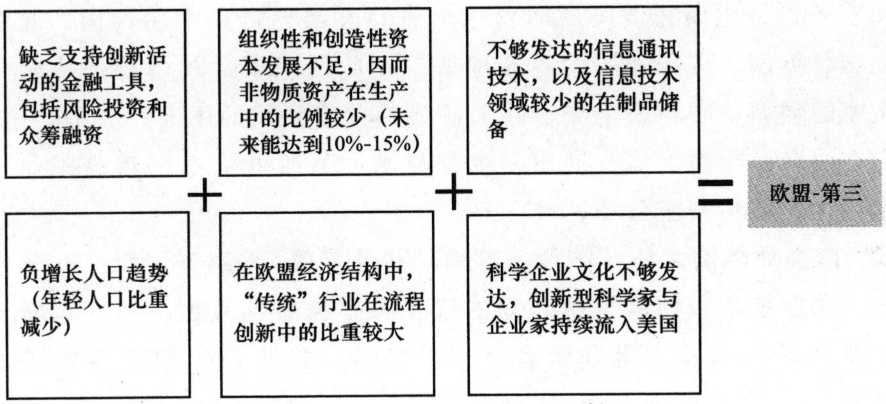

图3.3 欧盟创新发展的制度限制

但在完成创新整合之后，欧洲仍是一个异质性联盟。就算建立了独立的科学技术中心和创新经济基地，南欧和东欧国家仍将扮演“助理”的角色，成为合格的技术受体，并为泛欧创新进程提供人力及其他资源。[①] 领导者仍旧是德国、英国、北欧国家，以及影响力式微的法国。

① 参阅 Innovation Union Scoreboard 2015。创新活力指标由25个参数所集成。http://ec.europa.eu/growth/industry/innovation/facts figures/scoreboards/files/ius 2015_en.pdf。

总而言之，“创新联盟”的建立将呈现两张网络——科学创新发展网络和工业技术发展网络。两张网将在地理上交叉，但不重叠。

第一种与商业化制度共存并相关的科研网络包括：

（1）“创新城市”，建立中小企业成长的生态系统（柏林、伦敦、斯德哥尔摩、都柏林、阿姆斯特丹、埃因霍温等）。

（2）围绕科技中心并以大学和科研机构为基础的地方性科技与风投产业集群。

这些因素基本上将在德国、奥地利、北欧国家和法国这些地区发展，尽管某些产业（尤其是低资本密集的信息通讯技术、可替代能源、卫生等行业）也会在次区域出现。

在工业技术领域将尤其形成一些大型跨国产业集群和一系列普通产业集群。欧盟其他地区将扮演相关技术产品（包括高利润率产品和服务）分包商和供应商的角色。他们大都也将集中在德国、北欧三国、英国、瑞士和法国一些地方。在此情况下，欧盟将形成两个主要的创新中心：一是综合性工业基础设施领域的德国；二是英国，它在消费、金融、信息通讯、生物技术、某些低资本密集型工业技术、知识密集型服务等领域。

除少数特例之外（德国、英国、芬兰等国），到21世纪20年代末，工业技术和创新网络之间的联系将不会特别紧密。消除科学与工业之间的隔阂，建立两者之间的媒介，仍将是欧盟亟待解决的问题。

在创新活动的资源保障方面，由于欧盟经济“大萧条”，南欧和一些东欧国家创新发展的复杂性，以及欧洲大型公司传统上较弱的科研活力，在21世纪20年代前半期，欧盟的科研增速整体上将保持中速。

总体而言，到2020年，甚至到下个10年中期，《欧洲2020》的战略目标——将GDP中知识密集程度提升至3%——未必能够实现。

可期的只有该指标在良好情况下从现在的1.9%—2%上升至21世纪20年代末的稍多于2%。欧盟在世界科研支出中的比重将持续下降（达到少于20%的水平）。只有在新技术广泛普及和发展的情况下，科研增速的复苏才可能出现。

与美国和日本的竞争将改变欧盟在全球市场中的地位。在医药、航空航天、生物技术、高端机床制造等细分市场之外，欧盟生产其他“高新”产品的比例将缩减，其附加值亦将减小。

欧盟在全球出口市场中的比重亦将下降，其首要原因是韩国和中国该指标的增长。到21世纪20年代后期，填补这一进程的将是生产和出口中高端科技产品和知识密集型服务，以及上述高科技产业的次级部门。同时，欧洲中高端技术领域将保障对高新技术的较大内部需求。但随着韩国和中国在世界市场中的地位逐渐巩固，诸如机械制造和基础设施、航空航天和制药等领域的市场空间将被进一步压缩。

21世纪20年代中期以后，欧盟知识经济中价值和收入的主要来源仍是专业性的知识密集型服务（包括金融、复杂系统的整合与应用、研发和销售专业性软件）。

随着市场发展，构建科学创新和工业技术集群市场的发展和资源保障因素，将成为欧盟生态和社会人文问题的重点。

对欧洲科研状况的分析（相较美国）[①]与市场预测表明，在利润中心向服务业方向修正和转移的情况下，欧洲创新经济将在2035年之前一直维持自己的基本因素（图3.4）。

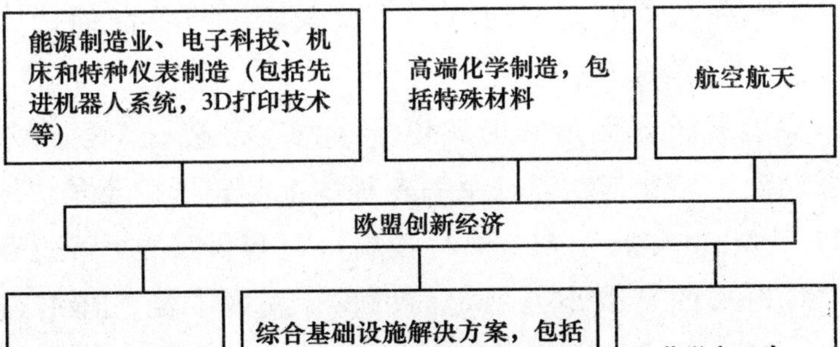

图3.4　欧盟创新经济因素

① 参阅 The 2013 EU Industrial R&D Investment Scoreboard。

同时，与欧盟产业基础技术平台的一般性发展和专业需求相关，卫生（不包括某些生物技术、遗传和其他相似类别，因为欧盟对风险投资的监管限制和空白）、创新型社会服务（从教育到国家管理和社会文化倡议）和生态领域（从土地还耕到建设生态城市和生态工业解决方案）的发展将获得根本性刺激。

除了个别国家和市场之外，由于上述制度原因，在预测期内，欧盟不会创造和发展出作为新型市场与产业基础的新平台技术。

（三）日本

在预测期内，日本的创新技术发展将保持过去20年的主要特点和趋势。

到21世纪10年代末，日本在全球中高端技术市场中的比重将持续走低，在高新技术领域的比重将下降，高科技产品生产也将急剧减少，这主要由于外包的增加，以及发展中国家的生产挑战。

上述进程的主要驱动力是：

（1）在家用电器和个人用电器领域，在中低利润率的电子分系统和组件领域，与韩国、中国大陆、中国台湾地区和部分亚太其他经济体的竞争。

（2）在精密仪器和高利润电子系统领域，与美国的持续竞争和较小程度上与欧盟的竞争。

（3）在能源机械制造和能源电子、汽车制造、工程服务和基础设施综合设计领域，与欧盟以及一定程度上与美国的竞争。

到21世纪20年代中期，高科技出口额和利润的下降过程将逐渐放缓，接踵而来的是微小但稳定的增长，发展中经济体的需求上涨是原因之一。

适度重组将成为增长的代价。到21世纪第三个10年的开始，日本工业企业将最终被挤出家用电器和个人电子消费品领域，只有高端产品和少数中端贵重商品能够幸免。在消费市场中还将保留药品和化妆品商品的某些固定类别（包括生物技术）、少量服务型机器人，以及其他少数几种精密产品。

从21世纪20年代开始，日本高科技工业和出口的内核将被B2B和B2G导向的精密产品生产取代（图3.5）。

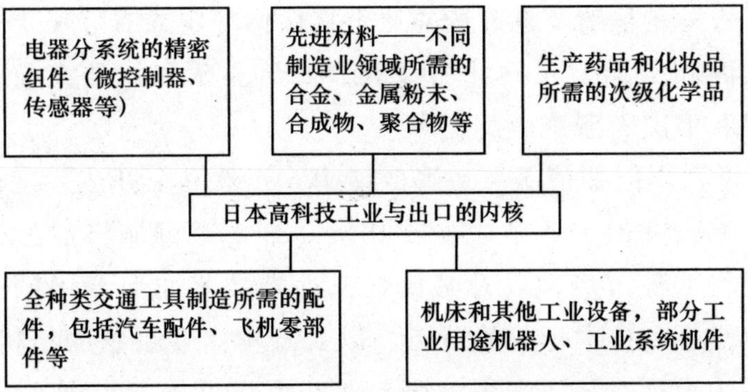

图3.5　日本高科技生产与出口结构图（2020年）

上述大部分方向将由现有公司实现，这些公司将侧重其子公司和分支机构，其中包括与西方公司的合资企业。为此，日本的技术部门将修正自己的组织结构。到预测期结束，依照德国的中小企业模式（mittelstand），日本蓬勃发展的中型公司势必会出现上述产品的独立出口商和设计者。

另外，日本高科技工业的较强基础将保持不变。属于此类的行业有：

（1）基础设施解决方案（热电厂和电网、高速列车、“智能”道路等），其中包括基础设施“交钥匙”工程及其技术服务。同时，侧重点还在于工艺性——替代性能源的广泛使用、能源效率、系统智能性——和与之相关的知识密集型服务。“基础设施”产品和技术解决方案的出口将不仅在发展中国家市场实现，在发达国家市场亦然。

（2）汽车制造，首屈一指的是高利润（高端产品）和创新型汽车制造（例如，超节约型混合动力汽车、配备自动管理功能的汽车等）。日本把先进生产技术和功能引入该领域，这一过程将与美国和欧盟竞争者同步，甚至略快于后者。

除了对工业发展和国家整体经济的贡献之外，上述行业还将保障对日本高新技术中间产品稳定且大量的需求。

日本汽车制造商在全球的市场份额将进一步被压缩，取而代之的是韩国和中国企业，21世纪20年代末将达到平衡。

日本公司在基础设施市场的比重将保持稳定或有轻微上升，其中包括与欧洲和美国公司的并购或联合。但在预测期结束前，它们将遭遇韩国和中国大型企业的竞争。

日本进入高附加值服务市场的能力，仍然是个开放性问题，这与其基础设施和其他工业解决方案相关。日本很可能将加强自己在合同制科研与工程市场，以及某些信息通信技术与服务中的地位。但鉴于日本经济和技术行业的特点，以及日本商业组织的结构与形式，我们并不认为日本知识密集型服务业在世界市场和本国GDP结构中的比重，将在2035年前能够得到快速增长或根本性提升。

工业与科技组织（大学、研究院实验室等）之间的联系仍然较弱，中间人机制（风投、众包等）的发展也非常缓慢，这注定了一个事实：到预测期结束前，日本在信息通讯技术（首先在软件领域）和生物技术领域，不可能实现质的飞跃。

至于内部需求，从2020年开始，我们可以期待服务型机器人（尤其是在照顾老年人方面）的普及，卫生领域和生活品质方面的其他技术解决方案也将大量出现。类似地，根本性创新和销量增长将会出现在创新型交通工具和新能源领域——其遵循的逻辑是核能与化石燃料的替代，以及生态问题的解决。

（四）中国

在未来15年间，依靠尚未用尽的价格竞争力、现代化的基础设施，以及国家对生产和国外需求（包括借助资本出口的方式）的积极刺激，中国的产量和出口量，以及在中高端科技产品市场中的占比，将保持稳定的高速增长。到21世纪20年代中期，其增速将步入每年5%—8%的“高地”。生产普通产品的中国公司与外国跨国公司将迁至其他国家，仅部分产品将在技术起源国本地化生产，劳动力价格上涨和其他负面因素亦将出现。由于工业基础的大规模更新和新技术的应用，以及向创新型生产和高收益产品的产业转移，中国的劳动生产率将进一步提高，而这正是形成上述趋势的基础。

发生变化的还有技术生产者的主体构成。中国企业，首先是私营企业，在高科技出口方面的比重将会增加，其在高新领域的附加值亦将增加（表3.3）。

表3.3　中国高端技术产品出口结构（%）

	2010	2030	2035
国外跨国公司产品占比	68	40	34
合资公司产品的占比	15	24	28
无外商参与的公司产品占比	17	36	38
中国制造的附加值	20	41	44

资料来源：作者自制。

在这一时期，提高中国工业竞争力的最重要因素仍是中国企业的技术革新。到21世纪20年代中后期，中国将持续快速地采购工业机器人、精密机床、复杂工业设备和技术，以及在互联网技术基础之上的自动化服务、企业系统性整合。中国的全球销售量将在这一时期从1/3上涨至1/2，其增长高峰将在21世纪10年代末和20年代前期到来，与此同时，中国的购买量也将逐年上涨至30%。

该进程将在一定程度上使结构性改革条件逐渐形成，缓解经济发展中的痛点。

鉴于中国科技基础之薄弱，国家科研领域投资将会增长。尽管历史高点已过（2000年和2010年达到20%—30%），但中国的科研支出将在21世纪10年代末达到每年7%（2014年为10%），并逐渐下降至2035年的4%—5%，同时与此相关的是，科研累计投资量在经济效率上很难表现出来。另外，从绝对值上看，正如我们所看到的，中国的科研支出在2035年不会超过美国科技支出总量的75%—

80%。

重要的是，科研增长的结构和质量将从根本上改变。一开始，大部分“增加额”将投向大学和部分科研院所的基础科学和应用科学研究，以及重要前沿工业科技的研发。但从21世纪第三个10年的中期开始，中国大型私营企业将成为研发的主要源泉。在相关领域国际竞争加剧背景下，此类情景无疑将会发生，这源于以廉价劳动力、国家扶持政策、设备采购和各种形式的技术替代为基础的粗犷型发展资源的消弥。到预测期结束，中国在研发领域的支出将占全球约25%。

从21世纪10年代末到20年代初，中国的工业企业将发起新一轮与西方跨国企业的合资企业建设（这是继2008—2010年首次大规模收购之后的第二轮），并在更加专业的水平上完成对发达国家企业的吸收。其目的是对技术、技能、全球品牌与市场的获取。

中国跨国公司的首要焦点将落在欧美国家的大中型公司身上，而从创新活动内部进程的标准化角度看（2025年后），作为先进技术主要来源的创业公司也将成为对象。

与这一目标相关，从2020年起升至更高水平的还包括中国跨国公司在发达国家建立创新技术分公司，从而形成当地专家与中国专家协同工作的混合型公司。其目的在于研发、设计、工程和技能的转移，这对技术和新产品的生成至关重要。

到2035年前，大部分中国公司仍无法形成原创性的（非精仿）产品创新。

例外的只有个人家用电器的某些品类，这类产品与繁重且熟练劳动力的内部禀赋有关，也与中国型材制造协同布局的优势相关。

从流程创新和复杂基础设施解决方案角度看，即使抛开消费电子领域，中国的经济主体将在21世纪20年代后期宣布自己独立参与者的身份，它们将主要凭借价格优势在竞争中胜出。在这其中包含机器人技术、机床制造、能源机械制造、铁路技术制造和某些汽车制造。同时，一些要求强大知识密集型工业服务的综合性工业和基础设施解决方案（包括互联网等），将主要依仗引入西方技术而得以实现。

至预测期结束，较弱的产品创新和未竟的流程创新，将导致中国面临制造产量比重和附加值快速回落的风险，并制约中国经济的进一步大幅发展。

增长的质量问题将在知识产权方面彰显出来。在国家专利（以每年130%以上的速度增长）和发展中市场的专利飙增时，相较企业向研发的支出及其在市场中的比例，三重专利①中的中国专利持有者比例将以较慢的速度增加。到2030—2035年，只有10%的三重专利申请者是中国公司。

在部分最为复杂的生产之中，进口替代模式将向最合理的方向修正，从大批量仿制西方技术向精挑细选方向转化。到2035年前，中国对进口发达国家重要高科技产品和组件的依赖度将不会超过40%（现在不同产业从50%到80%不等），但是在尖端产品中，高水平的中间商品与服务进口将会保持。依赖性最小的行业是半导体设备，依赖性最大的则在先进通信技术、机床制造和一系列复杂机械制造行业。

同时，科技密集型服务（尤其是信息服务）的进口将会增长，无论是绝对值还是相对值。所有这些都将提升中国跨国公司向发达国家的资本出口，并促进有中国参与的全球产业链的形成。

在高利润率的知识密集型服务方面，中国将不会取得生产和出口的高速增长。鉴于服务业在经济发展中的地位，包括信息通讯在内的知识密集型服务部门的赤字将会显现，且主要与工业、卫生、教育、科研服务、消费信息通讯服务相关。信息技术服务和外包市场的快速发展在一定程度上将补偿国外知识密集型服务需求的增长，但在质量和创新性方面则不会达到我们所期望的平衡。

除客观的时间要求之外，还有以下三个导致失衡的基础因素。

1. 国家管理的挑战

（1）出于对社会影响（就业率下降）和已有行业竞争力消弥的

① 最有价值的专利类别：知识产权项目同时在美国、欧盟和日本注册通过。

顾虑，与资本密集型行业发展相适应的国家管理体系对创新能力和“创造性破坏”的限制。

（2）在发展效率问题之上的、不以商业为导向的国家投资战略。

2. 人力资源质量

（1）中国员工不以创造性任务为导向，而以对国外创新产品和解决方案的高质量再生产/再造为导向。

（2）在制度缺陷和全球人才竞争加剧的情况下，到21世纪20年代末，创造性人才和纯粹创新者流向国外市场或非中国跨国公司的风险较大。

3. 创新制度的欠缺

（1）较欧美相对羸弱的科研能力，欠缺与商业界的联系。

（2）缺少创新发展的社会生态系统（各领域稳固的创新者社群、奇思妙想能够“交叉授粉”的保障、人力资源和创新文化的再生产）。

行政官员在此过程中扮演重要角色。创新领域的阶段性自由化将开启并持续，其中包括通过地方政府机关权力更替的方式，此类政府机关为大型中国公司、国外跨国公司、作为中国经济未来要素的中小企业（大业务的承包人和独立的生产者/出口商）、风险投资、创业公司制定法律法规，管理创新活动。

在预测期，尽管改革将成功完成，但人力资源和创新制度的问题仍将削弱这种成功，降低投资研发、技能和知识进口/转移的成效。

四、“创造性破坏”尚未触及的发展中国家：增长的挑战

对落后的发展中国家而言，创新发展的未来趋势将形成一系列悖论与挑战。

依靠科技产品和部分知识密集型服务价格的快速下降，相较GDP、家庭收入和其他指标而言，世界人口的福利（包括最贫穷国

家）将以更快速度增长。这将缓解这些国家的社会、经济等问题。

发展中国家已经渡过了工业化早期阶段和金融、人力、组织资本的积累阶段，对这些雄心勃勃的国家而言，知识经济初始要素形成的障碍将会减弱，体现在以下方面：

（1）随着生产外包和当地供应商网络的逐渐发展，跨国技术公司生产分公司建立；

（2）为特定生产建立原生性流程创新的机遇；

（3）非赢利知识密集型服务行业的表现。

发达国家中的相对欠发达国家和某些社会性群体和社团，也将获得历史性机遇，成为全球创新发展的组成部分。

该过程的驱动力包括：

（1）跨国公司的兴趣方向，其中包括在国家—制造中心的价格竞争中加强自己的地位，缩减低利润运营的劳动力成本，扩大创新产品与服务的销售市场，获得全球人才；

（2）高新产品和中高端科技产品价格下降，包括机械制造和基础设施解决方案；

（3）对国家教育系统、人才保障要求的变化，这源自职业教育（包括在线课程）在全球范围的自动化与增长；

（4）服务业全球需求的增长，首先是信息通讯业——从软件外包到非贸易服务的全球化（例如，远程医疗的一般性功能可能仿照客服中心的国际化模式）。服务业对资本无较高要求。

未进入发达经济体或先进发展中经济体行列的国家，其创新产品与服务的生产、附加值、研发的比重，将在预测期内至少提高1.5倍。

然而，在向更高级发展阶段（建立流程和产品创新）过渡的过程中，这种趋势将形成一系列挑战。原因在于：

（1）积累资本临界量和非物质资产时的挑战（源于竞争加大时复杂工业制造和普通知识密集型服务利润的下降）；

（2）在人员和资本国际流动壁垒减弱时，外部对人才、思想和技术的竞争。

（3）建立制度、社会结构、创新文化时日益扩大的复杂性和持久性。

甚至连不同国家创新系统要素之间的国际合作和相互对抗，也无法弱化上述制约。以发展为目的动用外部资源，要求实实在在的技能，以及一定的制度与经济发展水平。对于某些国家来说，例外情况可能出现（在机缘巧合和/或经济管理异常合理时），但机会渺茫。

换言之，创新型发展的滞后机遇，以及向世界经济“中级”甚至高级“联盟”的过渡，将成为进入知识经济初级水平的廉价“入场券”。对大多数国家而言，这意味着进入了低质量发展的“停滞时期”。

鉴于创新发展的加速，以及对资源、资产和制度的需求，领导国家和追赶国家间的脱节将愈加增大。当下的全球发展形势将加剧全球不平等问题，尽管可能表现为较为温和的方式（由于高新技术价格逐渐降低，以及新就业形式出现，一般性福利有所增长）。

总之，到 2035 年，新一代生机勃勃的发展中国家——越南、马来西亚、印度尼西亚、大部分拉丁美洲国家和印度局部地区，将处在世界发展的半边缘地带。

在 21 世纪 20 年代中后期，上述一部分经济体可能重蹈“创新型国家主义”的覆辙（带有保护主义元素和指令式经济手段）。但在新的条件下，当成本呈现不相称的高企之势时，类似行动能否取得有限的成功也非常难说。这种情况下的唯一受惠者将是中国，中国将克服这些发展障碍，从而获得额外的发展机遇（新资本、技术、服务等）。

在预测期内，上述问题将不会阻碍全球（包括新兴工业化经济体）创新和社会经济进程。但在 2035 年之后则极有可能出现发展失衡现象，这使得我们务必在 21 世纪 30 年代开始时，对世界经济和创新体系的设计和调整提出新要求。

五、高科技市场和知识密集型服务市场

（一）商品市场

在预测期内，对高科技和中高端产品的需求将成倍增长。该进程的一系列重要驱动力同时确定：

1. 在信息通讯领域，个人和综合的硬件解决方案快速普及。

2. 商品中嵌入式传感器、控制器、驱动器和系统联接呈指数级增长。

3. 在高端市场中（先进国家、大都市等），一系列中低端商品和解决方案被同类高科技产品或替代品所取代，例如：

（1）使用可再生能源而减少传统碳燃料使用；

（2）交通领域的类似过程（混合动力汽车或纯电动汽车销量的增长）；

（3）在汽车和航空制造领域，基本金属被合成材料所取代。

4. 小批量和个性化生产工艺的推广。

5. 伴随突破性技术的引入和全球发展领域的扩大，建设新的基础设施。

尽管高科技商品的生产和需求均有所增长，但其在世界贸易结构和全球 GDP 当中的比重将保持现状或略有下降。例外可能出现在 21 世纪 20 年代后期到 30 年代初这段时间，那时下述产品销售和生产的相对指数可能会增长：

1. 综合性技术解决方案（源于发达经济体工业和基础设施的技术工艺更新）；

2. 个人用电器（源于全球中产阶级的增长）；

3. 嵌入式系统及其解决方案（源于互联网和服务业的发展）。

高科技产品比重不增长，这一怪象的原因之一是高新产品单位成本的稳定下降。但主要因素是利润和附加值从商品向相关服务的持续转移，首先是知识密集型服务。目前，在工业高科技产品的附加值结构中，其比例达到30%—50%（数值因不同商品和行业而异），到预测期结束，这一数字将有显著上升。

同时，利润率下降不会导致发达国家的新一轮“去工业化”，反而是新一轮的工业化浪潮。部分再工业化可能以有限的规模出现在某一细分领域（在发达国家，即将扩大的是以当地需求为导向的生产，或更多的是以最有前景和精密技术为导向的生产）。科研、设计和其他创新功能与物质生产的整合，将为经济体和所有的国家创新系统带来协同效应和增殖效应（包括思想和经验的“交叉授粉”）。在流程创新和产品创新的建设过程中，上述效应将尤其明显。

信息通讯技术将降低交易成本，该成本来自生产和管理中心的协同作用，因为它们在地理上处于分散状态。但到2035年，信息通讯技术不会将多层次资产的整合优势清零。同时，在国家和企业层面，一些风险与挑战将被察觉，它们与去工业化和“不对称”经济的形成有关。

最终，遵循着区域化生产与跨国化生产相平衡的逻辑，发达国家创新工业将得到进一步发展。

而在领先发展中国家成本增加的情况下，发达经济体以新技术为基础的新生产将在价格方面具备竞争优势。

（二）知识密集型服务市场与经济“服务化”

知识密集型服务将进入一个崭新的“黄金时代”，首屈一指的是信息通讯。这是需求快速增长和“服务化”快速普及的结果，它们是创新经济的主要特征。

知识密集型服务在全球GDP和国际贸易中的占比将飞速提升。这一进程的关键驱动力是信息通讯技术的革命。

在所有社会进程与生活领域，信息饱合度的飞速增长将带来对知识密集型服务业的需求。21世纪20年代与30年代之交，刺激信息通讯市场扩大的新因素将是大型智能系统的出现，该系统将创造更多难以预知的市场。

除了纯粹的信息通讯技术，在创新发展和创新过程的跨国化浪潮中，其他知识密集型服务的高利润版块将会扩大（亦包括信息通讯组件）。因此，崭新的B2B解决方案将使一个未来商业服务群体整体上独立出来。它们是创新功能外包的发展中市场——研发、众包、竞赛与其他开放式创新工具[①]，设计与工程，“交钥匙”产品研发（像服务一样的创新），精密或独特产品按照合同研制。

其他利润来源将是资产风险化及与其商业模式相关的发展，即解决方案的多样体系，包括：从生命周期合同和结果导向合同（performance based logistics—PBL；product as a service—PAAS）[②]，到精密产品和基础设施的租赁或定购（asset on demand）。利润则最终转移至服务业部分。这已在汽车、航空等市场推广开来，并将在2020年转移至其他市场，其中包括资本密集型行业和复杂工艺技术产品。

对B2B解决方案和替代型商业模式而言，其显著市场将是资产的优化和运营，即信息通讯技术对物质资产功能的系统性优化，以及其应用可能性的扩展。这将从根本上减少资产所有者的资金成本和/或运营成本。以智能电网技术为例，需求管理和资产运作的优化，降低了对新电网安装和发电功率的需求，因此对燃料的需求量也随之降低。

最后，可以期待的是个人和社会服务及其相应市场全球化的快速发展。除了不同方向和内容所拥有的巨大市场之外，这一领域的一系列传统服务，如卫生、教育、社会服务，将变得人人可及。这将提高该行业潜在的经济利益和劳动生产率，并使它们摆脱“非贸易”服务的类别。

---

① 参见麦肯锡报告《‘And the winner is…’：Philanthropists and governments make prizes count》．2009，July。

② “结果导向合同”指的是在此种合同框架下，客户购买的产品是其取得的成效（被看作是产品），例如航空发动机的工作时间，而不是物质资产。

这一过程的市场领导者将是新兴中小企业，它们既存在于新的，也存在于传统的细分市场之中。大型跨国公司则将保持自己在系统性整合、综合性工业与基础设施服务、部分卫生领域服务市场当中的领导地位。

第四章　经济的世界

未来20年，世界经济将以中速发展，不会遭遇严重的劳动力、资本和能源短缺。

相较20世纪90年代，当下发达国家经济增长会有某种减缓，而这将被发展中国家更加快速的经济增长所填补，发展中国家对世界GDP的贡献将持续增长。拥有大量人口的两个国家——中国和印度，将在就业人口增长率下降和劳动生产率上升的情况下保证经济增长。与此同时，在发达国家，以至未来大量的发展中国家中，人们的关注点将不只是GDP的数量增长，而是全面的经济发展，并伴随商品、服务、人民生活生产方式的高质量变革。

威胁全球经济增长的金融失衡将逐渐消解，且不会改变全球经济的增长轨迹。科技进步将为世界长期发展与增长打下坚实基础，为解决物质生产（如能源）和（以互联网为基础的）服务业中的大量问题提供保障。但这并不会改变世界发展的总体非线性特征——在某一时间点，某些地区很可能偏离经济进程的“主流”趋势。

一、世界经济的发展前景

2012—2014年，世界经济的年平均增长率为2.4%，扣除2010—2011年后危机时代的跃进，2010—2014年的平均数为4.0%。直至2016年初，世界经济才摆脱了经济危机造成的影响。

在经济结构性变革的情况下，发达国家将进入较快的经济增长轨道。根据预测，美国经济将以2.7%—2.8%的速度增长，欧盟为1.8%—2.2%。发达国家整体上将不会达到20世纪90年代2.7%的增速，其经济增长率预计为2.3%—2.6%。

经济增长的主要因素将是劳动资源增长率剧减背景下劳动生产率的提高，直至大多数国家出现重要的经济增长点。

在经历过人口转折的国家中，由于生育率的下降，劳动人口在全体人口中的比例有所提升，而由于就业率的提高，生产总值粗放式扩大成为可能。在日本和一众欧洲国家，包括俄罗斯，这一进程的高峰时期已然过去，而在最近10年之中，中国和韩国正面临相同命运。

根据IMEMO的计算，到预测期结束，世界几乎所有地区的人口都将进入中等年龄段，只有中非、南非和南亚的一些小国可能例外。很大程度上，“衰老”将成为欧洲、日本的人口特征，随后也将立刻出现在其他大国，包括中国和俄罗斯，而在传统上年轻群体占比较高的美国也将如此。

（一）国家与国家群

1. 美国

按照我们的计算，为了达到预计的经济增速，考虑到可能的人口动态（见图4.1），美国能够将劳动生产率增速保持在1.9%—2.0%，稍高于20世纪90年代（1.7%）和21世纪头10年（1.6%）。最近一个世纪里，美国通过建立机制和制度环境实现深化转型，从而占据了世界经济的领导地位。在预测期内，美国将保持各种社会经济发展基础因素的优势地位。

21世纪美国经济发展的主导因素在于（亦仍将在于）人才资源和创新能力的支撑作用。以政府、私人企业和社会之间的互动为基础，其对人类发展的多领域投资已经完成并将臻于完善。

相较其他国家的大学，美国大学拥有巨大的财政和科技资源，并将吸引全球的人才和精英。所有这些共同保证了创新协同效应。

美国政府与商界将会寻找新的增长点。其创新金融工具的出现指日可待。移民仍将是美国经济发展不可或缺的资源。

在世界经济中占据领导地位的国家，在全球调整以符合自身利益方面拥有优越性。同时，这将导致美国对外在因素的依赖性加强。21 世纪头 10 年外部经济局势的转变尤其清楚地表现出这一点。

保障美国创新能力增长的因素如下：

（1）高水平研发（美国约占全球 1/3 的体量）；

（2）独特的多层次国家创新系统，在此框架中各独立元素的互动机制日臻完善；

（3）资源保障的质量，在高科技产品的生命周期加速缩减的情况下这一点尤为重要；

（4）风险投资和科技企业的广泛发展；

（5）具有全球意义的区域高科技产业园的建立；

（6）国家通过推动研发集群、枢纽、公私合营、知识产权保护等领域的合作和创建，促进研发和技术商业化。

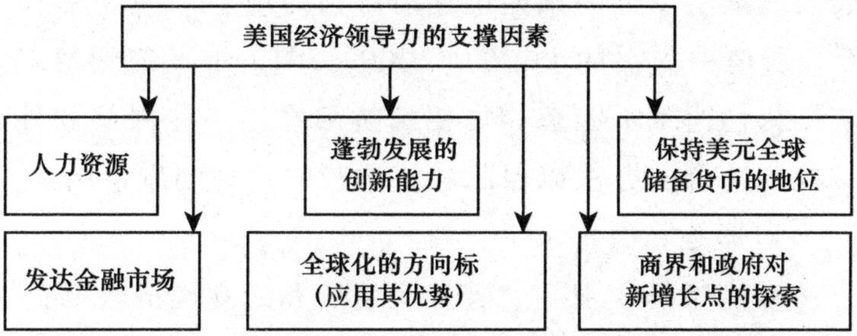

图 4.1　美国经济领导力的基础

同时，美国无疑将会遇到对其领导地位的严峻挑战（图 4.2），要寻找该问题的解决之道则要求最大化地动员美国社会的智力和组织资源。

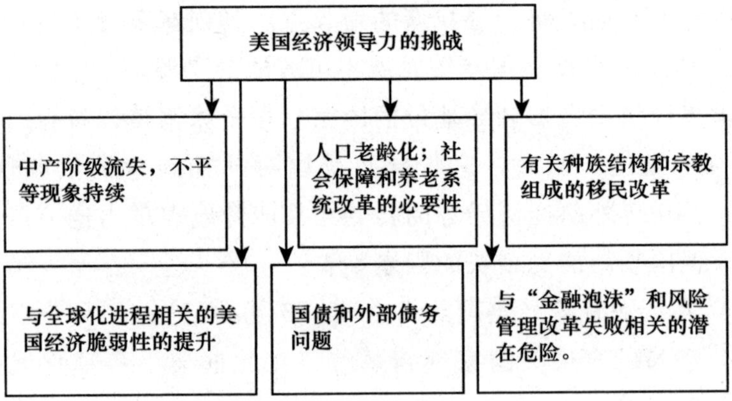

图4.2 美国领导力的挑战

2. 日本

日本经济在未来20年将以低速增长，开始于安倍政府的税制改革和日本银行的货币信贷政策将影响其发展方向。直至2014年，日本多年的通货紧缩有所缓解，虽未达到标准水平，但消费价格仍有规律性增长，而得益于日元贬值，出口增长恢复，外贸赤字消除，企业和居民对通货紧缩的预期也逐渐得到抑制。

然而，所谓“失去的十年”（2000—2013年）依然留下负资产，非进一步结构性改革不能解。重要的挑战在于一些内部和外部因素，日本应该找到适合的办法以保障经济增长。内部问题包括：

（1）人口形势和储蓄水平；

（2）劳动力市场、卫生、养老金系统和宏观经济改革；

（3）保障消费和投资需求的税制改革；

（4）恢复一次性国家预算平衡。

与日本经济政策关联度较低的外部因素包括：全球经济增速、国际能源价格变动、贸易协定和区域一体化的运行、日元汇率震荡和其他贸易条件。

3. 欧盟

预测期内，欧盟国家的GDP发展将好于日本，因为劳动生产率将达到1.7%—1.8%，与20世纪90年代的水平（1.8%）持平。

同时，在一体化集团内部，大多数指标仍将有本质区别。

对于欧盟的南欧国家而言，其预测期（至少在预测期前半期）的经济和社会发展将主要取决于如何解决南欧成员国的债务问题，以及如何将该次区域拉回稳定增长的轨道。

在由欧元区（欧盟）构建的可预见的未来，中央与边缘的相互依赖将继续构成欧洲一体化进程的双重逻辑。与此同时，超国家层面的角色，即欧元区（欧盟）的制度及其解决方案将会增加。

2020年前英国在欧盟之外将以何种条件生存将逐渐清晰，欧盟也将决定英国进一步的发展维度。非常可能出现的情景是：欧盟成员国间的经济政治合作得到进一步加强，因为欧盟内部的怀疑主义团体将因英国的退出而削弱。随着移民危机和其他不良社会现象的出现，到预测期结束前，欧盟成员国之间政治靠近的现实步伐将会停止。而恰恰对于大不列颠及北爱尔兰联合王国来说，21世纪20年代的主题将是保持领土完整。苏格兰不只有意独立，还有意加入欧盟，而北爱尔兰则主张最大程度上与爱尔兰保持紧密联系。

不同意见同样存在，即英国到预测期结束前将以新条件重返欧盟，欧洲一体化的发展轨迹将重新稳定下来。

在未来20年内，英国将发生经济增长模式的转型。发展将变得更加平衡而多元，它将愈加依仗储蓄、私人投资、出口和实体经济，对消费支出和服务领域的依赖性将会降低，首当其冲的便是金融业。经济的债务特征整体上将会保持，但消费模式和商业行为将在较小程度上依靠负债筹资。结构性失衡——消费超过生产，以及投资超过储蓄，将有一定程度的缓解。同时，增长模式转型将抑制由生育率下降和寿命增加导致的人口老龄化的负面影响，促进政府支出的增长和预算赤字与国债的增加。不能排除的可能性是，从欧洲官僚制中抽身将为英国经济增长带来新的刺激。

显而易见，到2020年，欧盟诸如“智慧型、可持续及包容性经济增长”的大多数战略目标将无法实现。它们势必将被移至此后的一体化战略文件当中。与此相关，未来20年欧盟促进经济发展的主要任务将是：

（1）创新体系的现代化（将当前占国内生产总值2%的研发支出提高至3%）；

（2）能源领域的深化改革（提高能源效率，开发可再生能源）；

（3）提高教育和医疗卫生的有效性（首先是中小学教育和一系列缓解贫困的措施，包括克服儿童贫困和欧洲人口老化）；

（4）改善财政系统。

4. 发展中国家

发展中国家和经济转型国家的发展速度几乎是发达国家的两倍。

发展中国家未来的经济增长步伐将逐渐放慢（见图4.3、附表4.2、附表4.3）。快速扩张的发展中国家（首先是中国和印度）将减弱其发展动力，这注定了其增长的放缓。

按照我们的估计，此类国家的劳动生产率将以高于发达国家1.5—2.0倍的速度上涨。为保证可预测的增长，中国的劳动生产率应在今后10年以每年6.2%的速度增长，21世纪20年代为4.9%，30年代为4.0%。印度的劳动生产率也将高速增长，21世纪10年代将达到5.4%，20年代为4.9%，30年代为3.9%。

预测期结束前，**中国**将在GDP总量方面与美国分庭抗礼。经济增长的同时，国民生活水平将接近发达国家的临界水平，但由于其大面积领土和较弱经济部门的影响，仍不会完全达到发达国家水平。较弱的基础以及无法与现代高效生产相匹配的劳动力储备也将成为经济发展的根本阻碍。

与此同时，中国将更加积极地融入全球化进程，且不只作为资源和创新的接受者，还将成为资本、企业资源和技术的输出者。归根结底，至预测期结束，中国将为发展中国家在世界经济中获得一个独一无二的核心地位。

和近10年国家地位的重大变化一样，中国内部深刻的社会经济变革无疑将伴随一系列内外挑战，而对中国领导层而言，其中一些挑战可能会使其中长期目标的实现变得极其复杂。

对**印度**经济发展的预测表现出一系列不确定性。印度拥有非常巨大的发展潜力，年轻人口群体的飙涨在其中占据着重要地位。在未来20年里，只要保证了重要的人力资源投资，这一特点将成为经济增长与发展的重要因素。其前提条件包括：主要的人口增长恰好发生在层级社会的基层（低层和最低层种姓），国家对人口进行智力培养与职业培训。这些都是国家制定（包含私人领域在内的）生产力发展战略所必需的。

印度统治集团将坚持经济增长刺激政策，带动城市和农村（社会基层）所有新社会群体的发展。在其政治体系寻找平衡点时，这将有助于降低其压力，即达到主要社会政治力量的利益平衡。现代世界多极化结构的形成使印度成为这一非线性过程中富有影响力的一员，因此，印度将积极参与探索国际政治、经济和金融机制新格局方面的全球共识。对印度有利的发展情景在很大程度上取决于这一世界新秩序分阶段和非暴力的形成，在新的世界秩序中，印度可能是平衡其他中心的“引力中心”之一。平衡与美国、中国、俄罗斯和其他中心的关系，将使印度在“友好”但保持高水平军费支出的国际环境中，解决内部发展问题。

巴西是为数不多在21世纪中叶有机会成为发达经济体的发展中国家。但经济、社会、技术、制度的约束条件也依然存在，包括其国内对教育在国家现代化中作用的共识。巴西的经济结构与发达国家的经济结构类似，但近些年，巴西和其他发展中大国一样，遇到了一系列外部和内部挑战。如果找不到解决办法，巴西恐怕将是“千年新秀”，即拥有美好未来但却无法实现的国家。

巴西经济增速减缓亦将影响其周边国家的发展，与邻国的竞争将愈演愈烈。这很可能伴随保护主义的加强，甚至出现在南方共同市场成员国之间，从而使巴西和该一体化联盟成员国的关系复杂化。那时，南美大陆国家在公共基础设施和能源领域的合作将平衡这一负面趋势。在此情况下，除某些产业外（飞机制造、汽车工业、生物燃料生产、农业和农产品加工），巴西经济竞争力的提升将变得遥遥无期。

由于近些年积累下一些对发展不利的外部因素，巴西将试图为其国内市场的扩大保驾护航（社会阶层收入差距缩小带来的大众消费增长)，并保证经济和社会基础设施的政府与私人投资。社会政策在巴西将不再被看作是一种慈善事业抑或平复不满情绪的手段，而是经济健康增长的条件。总体而言，巴西将努力建立类似南欧国家的、没有社会依赖性的福利制度，因为依赖性已经成为欧洲的严重社会问题。

其他发展中大国的发展前景和中国、印度、巴西一起占据世界经济的重要位置，但仍扑朔迷离。所谓“新地区领导国”的发展在预测期内仍将保有不稳定的特点，社会运行的极化模型将不会发生质的改变。在经济发展轨道上，政治制度的不健全将会造成不良影响，它们有限的能力将会影响这些国家主要社会政治力量的配置，其后果则会使开拓经济边界成为增强上层行政权力的先决条件。

在**埃及**，只有快速的经济增长（不低于每年7%）才能消除过去几十年人口发展积累下的社会紧张情绪。经济增长一定伴随年轻人就业问题的解决。

尼日利亚当前的任务是缩小各州发展水平之间的差距，并找到地区和族群之间的资源分配方法。

对**土耳其**而言，其经济自主增长的重要前提条件是非土耳其族裔在国家政策和社会文化机制中的政治融合，以及国家发展宏观目标的全国性共识。

在**印度尼西亚**，经济健康发展的重要条件在于群岛国社会的文化语言整合，并要有意识地加强地区（岛屿）社会经济发展水平的平衡。

巴基斯坦和**孟加拉国**所面临的战略任务是使尽可能多的经济公民参与生产，并要首先将国家引入区域内部合作、专业化和劳动力分配的进程。对巴基斯坦来说，类似的发展模式要求其摆脱某些对外政策的思维定势。

发展中国家和发达国家不同的发展动态将带来世界经济结构的变革。

发展中国家的GDP增速将会超过发达国家，① 其对世界经济的贡献也将随之增加。1990年，发达国家在世界GDP中的比重为60.4%，而在2014年，这一数字已经下降至44.8%，我们预测，到2035年，用购买力平价计算的该项指标将会缩减至34.7%（附表4.2）。

方法论注释

我们用美元来分析和预测世界各国的GDP指标。众所周知，在比较GDP和其他反映一国货币的经济指标时，主要应用两种方法将一国货币换算为一种统一货币（通常是美元）：按购买力平价计算，或按该货币兑美元的年平均汇率计算。

后一种方法的应用更加广泛，但由于各种原因（汇率与实际情况有偏差，特别在经济危机时期）会导致较大偏差。

在联合国国际对比项目框架下，许多专家使用购买力平价的核算方法。最近一轮比较以2011年的数据为基础，并在2014年公布。每轮比较之间，则以各国与美国GDP平减指数的关系为基础进行计算。

2014年的比较得到了一个值得注意的结果：按货币兑美元平均汇率计算，发达国家的GDP占世界总量的62.1%，而按购买力平价计算则为44.8%。换言之，用两种方法计算出的世界经济结构几乎呈现镜像的图景：62.1%—37.9%，44.8%—55.2%（附表4.2与附表4.3）。

显然，预测未来20年时，方法的不同会导致绝对结果和群体性结果的巨大差异（按任意方法计算，一国的增长率均相同）。

---

① 我们考察了历史长时段下将国家划分为发达国家和发展中国家的所有条件，并将“经济转型国家”的概念纳入统计范畴。为了数据的可比性，我们终究保存了这种划分方式。被列入“发达”之列的经济体包括所有欧盟和欧洲自由贸易联盟成员国、美国、加拿大、日本、澳大利亚、新西兰、以色列、韩国、中国台湾、中国香港和新加坡。

这些国家与美国在主要商品价格水平和经济结构上的差异越大，按美元计算的各国 GDP 数值的差异也就越大。与之相应，当我们谈论国家群体和世界整体经济时，按购买力平价计算的经济增速较高，因为此种方法使发展中国家生机勃勃的经济占有更大的比重。根据我们的计算，应用 2014 年的购买力平价，世界经济将以 3.7%—3.8% 的速度上涨，而按 2014 年各国货币兑美元的平均汇率计算，世界经济增速为 3.2%—3.4%。

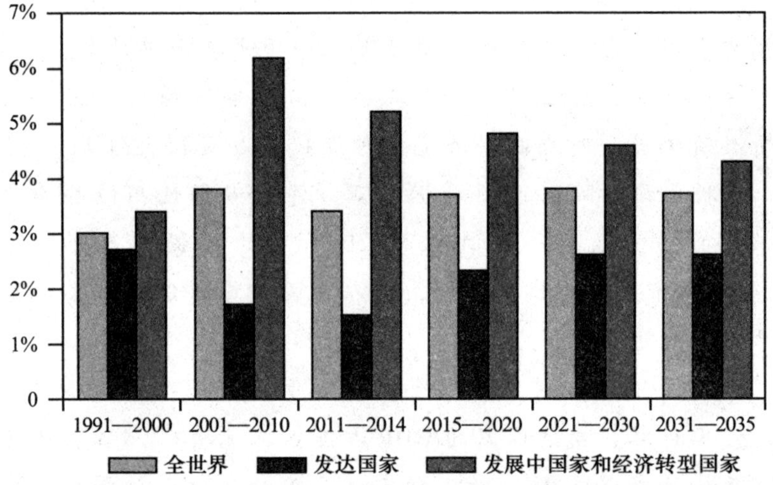

图 4.3 GDP 年均增长率（按购买力平价计算）

既然发展中国家的劳动生产率增速要高于发达国家，[①] 那么二者在该指标上的差距将会逐渐缩小，但到预测期结束之前，这种差距

① 根据麦肯锡全球研究所的计算，世界经济五大领域——农业、食品工业、汽车制造、零售业和医疗卫生——的劳动生产率年增长率在 2015—2025 年可能达到 4%。这将解决人口下降问题。生产率增长的源泉在于利用先进生产者（占四分之三）最佳的工作经验。还有四分之一的先进生产者将负责技术创新和管理创新，突破技术界限。Global Growth: can productivity save the day in an aging world, MacKinzey Global Institute, January 2015, p. 5。

仍是实质性的。到预测期末，中国的劳动生产率将不会超过美国的四分之一。按照我们的计算，中国劳动生产率接近发达国家水平，要在预测期后多年才会发生。

（二）居民收入

世界人口收入的分化正在扩大：着眼世界全部人口，最富有10%与最贫穷10%之间的收入差距正在持续增大。某些国家的情况差异巨大。发达国家的分化将缓慢增强，最小的十等分差距在日本（4∶1），最大差距在美国（16∶1）。

在发达国家，一定程度上的中产阶级流失现象正在出现——少量中产阶级升入富裕阶层，大部分滑向贫穷。通过提高教育和技术投资，长期失业的问题将逐渐被解决，中产阶级流失问题亦将会在未来停止。美国居民收入取决于教育水平提升的这一特征将传播到其他国家。在预测期内，发达国家中的贫困人口（按其标准）比例无论如何也不会超过10%。

在快速扩大的发展中国家中，我们将看到多向的发展动态。例如，巴西的收入差距已快速下降——20世纪90年代末，其十等分差距为80∶1，而21世纪头10年末已下降至40∶1。印度的分化现象则缓慢增强，1990年的十等分差距为6.9∶1，2010年为7.8∶1。中国的收入分化相当迅速，2000年为10.9∶1，2010年为17.8∶1。

在整体世界经济中，中产阶级正在持续壮大。根据我们的计算，中产阶级在发达国家中的比例将达到人口的80%，在发展中国家中的比例为20%（按此类国家的标准）。换而言之，世界人口中的30%将进入这一群体。到预测期末，中产阶级数量将超过世界人口的一半。

当发展中国家以极高的速度发展时，世界各国的收入分化现象将会得到缓解。例如，按购买力平价计算的中美人均GDP差距，在2014年为4.1倍，按平均汇率计算为7.2倍。到2035年，按购买力平价计算的差距将为2.3，按汇率计算为4倍，减少了近一半（见附

表4.10与附表4.11）。

（三）产业结构

在世界经济的产业结构中，根本性转折不会发生。物质生产的比重仍将减少，服务业占比则将增加。

至2035年前，物质生产领域的占比可能会降至25%，其中农业的贡献会降至2%，采矿业降至4%，制造业降至13%—14%。服务业占比则会超过世界GDP的75%。

（四）投资资源

保障世界经济快速发展的投资在预测期内将整体上保持充足。金融资源获得性的提高将促进以下方面：

（1）居民收入和储蓄的提高，这在很大程度得益于发展中国家中产阶级的扩大；

（2）发达国家企业自有资金的增长（折旧提成和公司利润），其中包括降低有效税率和债务支出；

（3）发达经济体和发展中经济体财政深度的增加；

（4）投资积极性的国际化扩张。

提高资本的跨国流动性将为外国储蓄投资创造更为有利的条件。资本流动的自由化，全球投资空间的形成，世界金融市场的发展，以及新兴参与者的出现，将使金融界更加充分地运用积累下的充足资金资源。

资金转化为现实资本的条件将日臻完善，随之而来的是投资基础设施的完善和新型金融工具的应用，进而最终提升非银行金融机构金融调节（更大程度上仍是银行活动）的有效性。

投资过程将不仅取决于资本，还将愈加取决于对它的需求，最终取决于再生产过程的强度、经济制度、产业和技术结构的变化，以及人口收入的分配。

对于大多数国家而言，其经济政策的主要方向之一将是支持投资需求，加强预算的投资向度，发展长期以投资为导向的信贷制度。

政府和中央银行的活动亦将日趋活跃，从而为国有公司投资和吸引外国资本创造良好的制度环境。越来越多的注意力将被放在减少商业税，更有效地运用货币信贷的投资鼓励机制，提高银行资金对中小企业的开放度，鼓励风险投资，发展创业公司等方面。

国家与市场在投资过程中的互动将得到加强，社会基础设施建设的公私合资机制将得到更广泛的应用。金融市场调节和监督的国家/国际系统，以及政府和财团为降低系统性危机而采取的措施，将为投资增长注入额外动力。

在投资过程发生变革的同时，资本积累的内容和性质也将发生改变。相较物质生产领域，资金消耗率相对较低的服务业将保持跨越式的发展速度。廉价劳动力作为生产要素的作用将会下降，转而向应用高技术人才的资本密集型产业过渡。

如果说在过去几十年世界经济发展主要依靠物质投资的增长，那么当下快速兴起的则是资本变种、定价工具等无形资产。与之相关联的，除了研发，还有创新产品和知识产权项目（专利、著作权、专有技术、软件和数据库），以及最终的专业技能（人才教育、生产组织、市场营销）。

在未来的几十年里，有形资产在 GDP 当中的比例将会减小，这得益于亚洲大国投资效率的提升和 GDP 中投资比重的降低。首屈一指的是中国的经济转型——以制造业投资和出口为基础的经济增长模式渐行渐远，增长转而侧重消费和服务。在预测期内，整体而言，有形投资在世界 GDP 中的比重将由 22% 降至 19%，其中发达国家从 20% 降至 17%，发展中国家从 26% 降至 20%。

对人力资本的投资将成为资本积累中最为关键的要素。遍地开花的将是提高社会性目标的支出和以提高生活质量为目的的支出，尤其在教育、人才培训与再培训、卫生、科学、建设资助、文化、艺术、媒体、生态环境等领域。

失业将在预测期内成为一些国家的尖锐问题。该领域的改革着实将经历阵痛，且不易实施，尤其在欧洲。尽管如此，改革仍势在必行，特别是在有能力进行劳动力市场改革的国家，其结果将意义深远。

二、国际贸易和跨境直接投资的发展趋势

国际贸易和跨境直接投资仍将以超过全球GDP增速的速度扩大。

1991—2000年，全球商品贸易以全球GDP增速（按兑美元平均汇率）2.3倍的速度增长，2001—2010年上涨至3.5倍，后危机时代的2011—2014年降至2.1倍。2015—2035年，经济发展领先国家内部市场体量的跨越式增长，以及全球对于能源和其他矿产资源需求增速的减缓，将使国际贸易相对全球GDP的增速逐渐放缓（图4.4）。无论如何，平均来看，全球贸易在预测期内都将以超过全球GDP增速的速度增长。

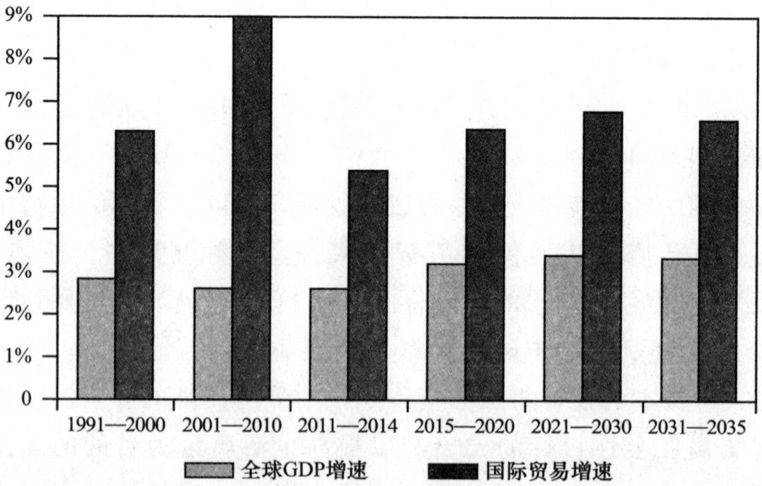

图4.4 全球GDP与贸易增速（根据货币汇率计算）

全球贸易的增长前景与全球化进程息息相关。2008—2009 年的危机给“全球化终结”创造了口实，减少国家经济对全球市场依赖的呼声大行其道。然而，终止全球化的危险要多于全球化的继续，最好的情况不过是终止全球化使经济停止增长；而最坏的情况则是生产和贸易的长期全面萎缩。

现代全球化的另一个特点是区域化的活跃发展和新地区共同体的建立。后者意味着全球化新内核的出现。

促进**国际贸易**增长的三点因素：

（1）科学技术进步；

（2）发展中国家经济质量的提升；

（3）区域一体化的深化。

在技术突破的所有潜在方向上，对国际贸易产生影响的将是工业制造的全面计算机化和机器人化、新能源的使用、新材料的研制，以及自然资源的保护和再生。

世界贸易结构变革的重要因素将是工业制造的自动化。机器人应用的爆炸式增长将降低发达国家向发展中国家工业转移的动力，发展中国家的劳动力成本优势亦将被削弱，其中包括对发展中国家居民收入增加的影响。随着越来越多地应用新能源和环保工艺，机器人化将促进发达国家的再工业化进程，并相应地加强其在世界工业品市场中的地位。

新能源的使用和新材料的研制将进一步减少矿物燃料和原料的贸易量。即将占据重要地位的是制造业贸易和特色服务贸易，后者目前仅占世界贸易的五分之一。该项转型是与时俱进的，因为服务业在国际贸易中的比重正在提高，处在后工业发展阶段的国家数量也在扩大。全球化将持续至 2035 年以后，而服务业迅猛的国际化进程将成为全球化下一阶段的特点。

发展中国家在全球出口中的比重亦将继续提升，中国和印度首当其冲，虽然提升速度不再像前 30 年那样迅速。发展中国家地位的进一步增强将缩小其在新工艺和新材料领域较之世界科技领导者（如美国）的相对落后状态。除此之外，发展中大国工业产出的增加，对其社会机制更加有效的运行提出了要求，这种转变是持续性的，并将导致经济增长暂时放缓。与此同时，美国和欧盟地位的保持将促进再工业化进程和服务业市场的加速发展，因为相较于发展中经济体，发达国家在这两方面占据着更加稳固的位置。

全球化的本质特点是生产的国际化，在此背景下，国际商品流动的扩大将在跨境工艺网络之中得以实现——即所谓的附加值链。在全球附加值链中，扩大国际商品流动将削弱关税壁垒的相对作用，但它也需要新的国家间的解决方案。

在这一阶段，从地区层面寻求解决办法的尝试已经开始活跃起来，因为在全球的协商平台上，由于 WTO 的协商一致原则，永远存在国家为本地区利益而行使否决权的可能。全球市场的主要参与者集中精力建立大型地区经济共同体——跨大西洋贸易投资伙伴协定（TTIP）、跨太平洋伙伴关系协定（TPP）和区域全面经济伙伴关系协定（RCEP）。北京关于复兴丝绸之路的构想——“丝绸之路经济带”业已启动，虽然该构想着眼于贸易与投资数量的增长，但它并未从本质上将参与国引领进另一个一体化的方向（我们在另外的著作中对这些项目有更为详细的分析）。

每个领导国家至少参与两个地区贸易协定的构建。因此，目前建立的区域一体化联盟形成了交叉的特点，在当前阶段，我们可以将之看作全球化发展的主要形式。

在大型地区贸易协定的结构形式明确之前，WTO 内部的不确定阶段仍将持续，抑或当 WTO 在国际技术网络框架下制定出规范合作的新方法之后，其不确定性才能被克服。地区协议不会废止现行的决定全球市场游戏规则的 WTO 协议，但会修正全球谈判者的权力布局。无论如何，WTO 的重要任务将变成协调主要区域一体化集团框架下的规范与标准。

像过去 20 年一样，**跨境直接投资**将继续以跨越式步伐增长，既在全球 GDP 背景下，也在对外贸易背景下。至少有三个过程将促进这一趋势的发展：

（1）在成功的一体化组织框架下，国家间相互对外直接投资的增加（例如，在欧盟国家中，目前已有超过一半的对外直接投资被注入欧盟伙伴国的公司）；

（2）大多数发展中国家的经济自由化进一步深化，允许外国公司进入本国市场，以获得先进的工艺、管理方法和其他依仗对外贸易无法达到的优势（在此情况下，投资保护主义的“复发”将普遍出现，其中包括在经合组织成员国的战略产业中）；

（3）发展中国家跨国公司海外扩张加速，这将增加南南合作框架下的对外直接投资，中国、印度、巴西和其他国家的跨国公司将在特定市场中利用对西方投资者而言非典型的竞争优势。

与此同时，跨境投资进展不会如过去 20 年般迅速：如果累计对外直接投资占全球 GDP 的比重从 1994 年的 12% 上涨至 2014 年底的约 34%①，那么到 2035 年末，该指标恐怕不会超过 50%。

然而，这一增长意味着世界对外直接投资的绝对量将在 20 年里增长两倍。按跨境资本在国家投资进程中的地位来衡量，日本和中国将仍然是跨境投资过程中大型参与者之中的弱旅。因此，它们的对外直接投资流出量将会上升。如果在 1990 年末，欧洲（今天的欧盟成员国）和美国占有全球 75% 的外商直接投资流出量，那么到 2035 年前，这一比重将降至 55%。1990—2035 年间，发展中国家在外商直接投资流出量中的比重将有超过 3 倍的上涨——从不到 7% 上涨至几乎 30%。但保障上涨的将主要是某些新的工业国和中国。而外商直接投资流入量，像过去 25 一样，将在发展中国家中显著增强（图 4.5）。

总体而言，到 2035 年，对外直接投资流出将主要集中于发达国家周围，而资本接受者则是经济发展最为成功的发展中国家。

在产业层面，服务业的对外直接投资将会增加，这将在一定程度上有助于来自发达国家的大部分公司继续留在优秀跨国企业名录之中。

---

① World Investment Report 2015. NY - Geneva: UNCTAD, 2015. Web tables 7, 8.

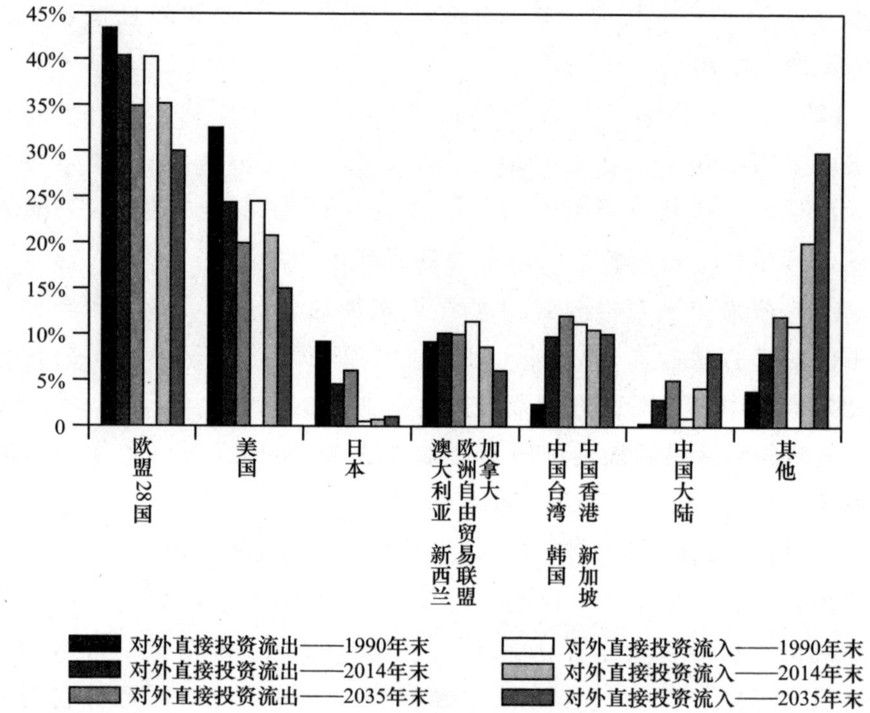

图 4.5　各地区累计对外直接投资分布

三、朝向崭新增长模式的世界经济

克服全球性危机不仅为世界经济发展开启了崭新未来，还对未来十年经济发展的速度和来源提出了重要挑战。

其中最有名的，被冠以“新规范”或“新常态”① 等名号。依据这一概念，由于“新常态”危机，世界经济应当表现出显性的较过

① 太平洋投资管理公司一位领导者的提法。*El Erian M.*，A New Normal，PIMCO Secular Outlook，May 2009，http：//media. pimco. com/Documents/Secular% 20Outlook% 20May_09% 20 Email Web% 20FINAL3. pdf。

去10年放缓的经济增速、高失业率、债务问题加剧、市场极端不确定性和全球经济活力差距的进一步扩大。时至今日，对该概念的大多数预测都没能经受住现实的考验（只有相对的高失业率，作为滞后指标，通常在经济形势开始恢复之后会显著下降）。

值得一提的是，中国经济增长速度放慢（从2007年的14.2%到2014年的7.4%），与经济发达国家后危机时代增速恢复的前景一起，意味着主要发达经济体仍将扮演全球经济发展的重要独立引擎，而全球监管环境的完善（包括建立金融稳定委员会和主权债务危机地区解决机制）将从根本上降低宏观经济和金融市场监管的不确定性。

近年来，长期停滞（secular stagnation）的概念也经历了类似命运，这一概念的兴起是危机时期对全球经济整体命运，尤其是发达国家经济命运的悲观情绪加剧的后果之一。这一概念假定主要发达经济体将转移至经济增速较低的轨道，且/或潜在增速与实际增速之间存在差距，其出发点是与技术进步成就有关的[①]生产率增长能力耗尽，以及（在某一与对新常态的认识紧密相关的版本中）在名义利率接近零时，传统经济政策工具失效。与该概念支持者的论点无关，单就全球经济增速恢复的问题而言，其主要论题是——主要发达经济体的增速稳定放缓。

四、后危机模式的特点

世界经济增速步入后危机时代，以及经济发展前景危言耸听式分析方法的落幕，建立在世界经济发展新的后危机模式的基础之上。

这种差异关乎发展模式的所有关键领域，包括供给和需求因素、

---

① 在俄罗斯文献中，相应的推理与所谓的创新暂停假设相一致。参阅 *Полтерович В. М.* Гипотеза об ин новационной паузе и стратегия модернизации // Вопросы экономики. 2009. No 6. С. 4－22。

全球发展的结构性因子（全球失衡问题），以及全球经济进程调整的制度框架。

供给侧因素是世界经济发展的结构性和动态性特征，在它的作用下，将会发生根本性变化（图4.6）。特别在今后10年之内，廉价劳动力作为某些国家相对优势的作用将急剧减少。就是这一因素在20世纪后半叶和21世纪头10年，使东亚和东南亚国家跨进经济增速最快的国家之列。在相关国家，工资渐涨和人口转型的完成将使其优势流失，其他发展中国家若想复制这种成功，则会因使用节约型资本密集型技术（资本劳动力替代）和不良的制度条件（非洲国家、亚洲最贫穷国家）而变得异常复杂。

<table>
<tr><th colspan="2">供给侧的全球趋势</th></tr>
<tr><td>人口形势变化
• 发达国家的人口老龄化
• 发展中国家劳动力市场中，廉价劳动力的缩减</td><td>应用原料资源的进步
• 更廉价资源替代相对昂贵资源
• 使用其他非消耗性资源的技术研发</td></tr>
<tr><td colspan="2">影　响
廉价劳动力作为国家相对优势的作用降低
资本密集型（劳动力和资源保护）技术的加速引入
人力资本投资的增长
全球 GDP 资源消耗量的下降</td></tr>
</table>

图 4.6　供给侧因素对发展模式变化的影响

在经济发达国家，来自老龄化群体的社会人口结构转型将为引入资本密集型技术和提高人力资本质量带来额外的刺激。

通过鼓励移民来填补劳动力的自然损失治标不治本，且经济前景渺茫（从欠发达国家涌来的移民流不会弥补高技能劳动力赤字），甚至有可能孕育着尖锐的社会政治冲突（由于社会、信仰、种族不平等的激化）。归根结底，相应国家非常迫切地希望实现向“没有人口增加的经济增长”这一构想过渡，该构想的独特试验场是近年来的日本经济。[1]

关于原料资源的使用，指日可待的是全球GDP资源消耗量的减少，以及对廉价资源替代贵重资源技术的灵活运用，这将打破资源获得的物理界限。资源价格既不会虚高（在相应赤字影响下），也不会过低，因为固定类型资源价格的增长或者下降将推动它们的替代作用（抑或正相反，扩大了应用）。

整体而言，向以使用高技能人力资源为导向的资本密集型技术的转型，与资源使用效率（既有化石能源，还有可再生能源）根本性提升相结合，可能在近15—20年里会再一次向有利于发达国家的方向改变，影响世界经济中竞争优势的平衡。2011—2013年发展中国家市场经济增长较发达国家快3.5倍，2014年则降至2.5倍，而到全球危机结束10年后的时间里，该数字很有可能处在1.5—2倍之间。

具有重要原则性意义的是下述这种情况：国家政策措施并非竞争优势变化的基础，国家政策措施只能加速这种变化，而比较价格的市场机制才是竞争优势变化的基础，这一市场机制决定了经济型资源和技术必将替代昂贵资源和技术。

对相应机制起到根本性支撑的是**需求侧要素**（图4.7）。

首先，通过降低人类活动对环境的负荷提高生活质量，这一做法的好处增多，从而提升对生态友好型产品和环保型技术的需求。在发达国家，这已是大势所趋。而主要经济体中中产阶级的飙升将毫无疑问地使我们能够预测其在相应国家中的发展和作用。除此之外，发展中国家的收入增加将刺激对高质量产品的需求。

其次，全球资源需求的增长带来新开采技术（曾经经济上无利润的）的研发和新资源种类的开发。典范是对碳氢能源价格造成巨大压力的页岩气革命和基本上已经开始的页岩油革命。该趋势的全球

[1] The Future of Japan: Reigniting Productivity and Growth, McKinsey Global Institute, March 2015.

性后果可以用“回岸”（reshoring）一词来说明——制造业公司的投资从海外回归美国。[①] 廉价页岩气在美国经济中构成了两个关键要素中的一个（另一个是东亚和东南亚国家劳动力成本的提高，尤其是中国），并给代替工业运营海外外包（离岸外包）的回岸战略赋予了高度吸引力。但在页岩气革命尚未发生的欧盟国家，由于积极的社会政策，劳动力成本仍撑在高位，回岸过程进行得相当缓慢。

需求侧的全球趋势		
消费需求结构的改变 在实际收入增长的影响下： • 偏爱质量更高的商品，而非廉价商品 • 对生态商品需求的增长	对原料资源的需求： • 全球竞争的加剧 • 环保型技术解决方案的需求	投资收益需求结构的变化： • 对减轻劳动力技术解决方案的需求增长 • 对设备和配套设施生态要求的提高
影　响 在全球市场的成功更加依赖质量竞争，而非价格战。 产品的环保性将成为全球竞争力的主导因素之一。 原料资源的新种类和新来源，作为投资流和投资回流的因素。 资本优先流向对资本密集型技术解决方案有需求的国家。		

图 4.7　需求因素对发展模式变化的影响

第三，从克服全球金融市场不稳定的结果和一众欧元区国家债务危机的特点来看，国际金融流动的地理结构将发生重大变化。其结果是，金融资源将最大化地流向那些显示出对资本密集型投资收益和相应技术解决方案有所需求的国家。对发展中经济体而言，正是上述这种国家将成为后危机时代的主要受惠国，其对外直接投资流

① Reshoring Manufacturing: Coming Home, The Economist, January 19, 2013, http: //www. economist. com/ news/special report/21569570 growing number American companies are moving their manufacturing back unnumb; McIlvaine A. R. Coming (Back) to America, Human Resource Executive Online, July 7, 2015, http: //www. hreonline. com/HRE/view/story. jhtml? id = 534358936.

入量的比重将得以恢复，2009—2013 年从 49.4% 升至 61.0%。[1] 而在发达国家群体中，亦是上述国家将从世界对非资源型商品的需求恢复中最大化地获得利润，长远来看，它们增速将不会低于年均 6.5%—7%。

与商业金融动态息息相关，世界经济发展可持续性的问题在所谓**全球失衡问题的**背景下被争论开来（图 4.8）。全球失衡传统上可分为经常收支失衡（flow imbalances）和外部净资产失衡（stock imbalances）[2]。

<table>
<tr><td colspan="2">经常收支失衡总量占全球 GDP 的比重从 2006 年 5.6% 降至 2013 年的 3.6%</td></tr>
<tr><td colspan="2">外部净资产失衡继续扩大（包括在汇率变化基础上的债务/资产重估）</td></tr>
<tr><td>十大债务国的净债务从占全球 GDP 的 11.6% 升至 15.5%</td><td>十大债权国的净资产从占全球 GDP 的 11.9% 升至 16.3%</td></tr>
</table>

图 4.8 全球失衡对发展模式变化的影响

同时，不能忘记的是，对某些国家特别是大型发展中国家的发展特点，以及通过其外部经济联系对整个世界经济发展特点都产生巨大影响的，是大量的内部失衡，包括：结构性的、社会性的、地区性的等。

对于那些经常收支主要决取于商品和服务外部需求的国家（出口型国家），以及经常收支优先取决于海外资本流动的国家（资本进口型国家），经常收支失衡的进一步变化机制迥乎不同。

在大型出口型国家之中，经常收支的变化将以下述方式进行：

（1）发达国家中非资源性商品出口国（德国、瑞士、韩国、日本和新加坡）的经常收支盈余，在保持较高外部需求的情况下，将

① World Investment Report 2012, NY: UNCTAD, 2012. p. 38; World Investment Report 2014, NY: UNCTAD, 2014. p. 36.

② World Economic Outlook, October 2014; Legacies, Clouds, Uncertainties. Washington: IMF, 2014. p. 117, 130.

支撑在不低于GDP 4%—5%的位置。

（2）出口非资源性商品的大型亚洲发展中国家（中国和东盟国家）的经济收支盈余将会缩减，这源于其经济以内部为导向的重构，人均GDP增长，进口扩大，包括与货币升值有关的进口扩大。

（3）碳氢原料出口国的经常收支盈余将缩减（与2006—2015年不同），这源于内部需求的增加和一次能源国际价格的下降。

在第二组国家中，经常收支的长期结构参数得以在资本收支的资金流动影响下形成，在这些国家将看到如下趋势：

（1）在发展中市场的主要资本进口型国家中（印度、巴西、土耳其、墨西哥），经常收支赤字将具有顽固性特征，在2020年前不会降至GDP的2%—4%。

（2）在主要发达国家中，只有当国家预算缩减（美国）和社会债务金融模式变化（欧盟国家）时，其经常收支赤字才会缩减；美国的赤字很有可能保持在GDP的2%—4%水平上，而欧元区国家（除德国与荷兰外）将扩大至GDP的4%—5%。

考虑到主要国家经常收支的盈余和赤字情况，净资产层面的失衡规模将从当前的15%—17%升至2030年前的25%—30%，与此同时，大型债权国（日本、中国、德国）的比重将从当前的逾50%下降至40%—42%。那时，尽管后危机时代的失衡仍将保持（在一些情况下会扩大），但它们对世界经济的不稳定影响则是有限的。除此之外，与危机前不同的是，失衡状况的扩大可能会成为世界经济稳定增长的发动机，而非威胁。

与此相应，若要世界经济发展新模式取得成功，其前提条件之一是建立一个有效的**全球经济进程调整系统**，即能够算出国家与次国家经济调节机制之间的最优平衡的系统。

如果说曾经（基本上从20世纪40年代后期到90年代末）支撑经济发展的关键是国家层面的调整改革，那么从21世纪开始，国际层面的调整更新则有了实质性的意义。

这指的一是全球经济进程管理集体性机制之作用的提升（包括“G20”框架等），二是“新区域主义”模式的演化——从创立完善的区域一体化联盟，到建设地区合作的网络机制与倡议（亚太自由贸易区、跨太平洋伙伴关系协定、跨大西洋贸易与投资伙伴关系协定的相互重叠，俄罗斯欧亚一体化项目与中国“丝绸之路经济带”倡议的对接）。与传统国际机制的合作，尽管存在尖锐的危机挑战，但也能为国际问题的解决做出巨大贡献，全球经济进程管理的新机制将使世界经济的风险指数得到根本性下降，并为世界经济后危机时代的发展奠定基础。

五、国际金融的演化

国际金融的发展将在两个主要因素的作用下进行。一方面是加强调整，提高对金融工具质量的要求。另一方面是保持金融创新需求，虽有潜在风险，但对经济增长不可或缺。

2008—2009 年危机过后，国际金融与生产贸易领域脱节的原因之一是金融活动放缓。[①] 我们可以做出概率极高的假设——金融活动放缓甚至停滞的趋势将持续到 2020 年以后。

2020—2035 年，如果国际和国家调整与金融机制实现最乐观的互动，那么全球金融体系的发展可能将找到较为平衡的保障稳定性和经济发展的方法。而其他负面情景亦有可能出现——金融业更加步履蹒跚，世界经济由此停滞，抑或金融泡沫再次破裂的风险过度累积。

在 2008—2009 年危机中特别凸显的是全球金融调整的内部系统矛盾，这使人们意识到该领域紧密国际合作的必要性，特别是在 G20 和金融稳定委员会的庇护下。这种合作的重要成就之一是与《巴塞尔协议Ⅲ》相一致的大型国际银行资本充足率的提升，以及朝新的

---

① 根据麦肯锡公司的数据，包括股票、债券、贷款和其他形式资产证券化在内的金融活动总量，在 1990—2007 年的时段内从 56 万亿美元上涨至 206 万亿美元，而在 2013 年初，该数值只有 225 万亿多美元。Financial Globalization: Retreat or Reset, McKinsey Global Institute, March 2013, p. 2。

风险管理系统的转向。但这一进程却伴随着银行活动的缩减、去杠杆化、实业界的贷款获得率降低和非银行业金融活动的溢出，这一趋势将先在诸如美国和英国这样的国家发生。对于大型发展中国家（中国、印度、印度尼西亚等），以及一众欧洲大陆国家，银行融资将保持其意义，其中包括对于中小企业的作用。

肇始于20世纪80年代美国资产证券化并随后传播至其他国家的金融中介形式，将获得进一步发展。越来越多的东西将被证券化，即变为金融资产或获得资源的权利（原料、能源、土地、淡水、空气、生物量、信息），例如温室气体排放配额市场、能源交易所等。

这一趋势有其根源。将实际资产与权利分开，资产证券化极大缩减了流通成本。金融市场将会形成确定资产价格的普遍性机制，这将获得较高的流动性。风险将会降低，资产收益率不会因较高的流动成本而面目全非。

同时，各种金融衍生品层出不穷也存在消极的一方面。实际资产与货币资产的权利将很容易脱离自我基础，并以票面价格增长的形式很快超过实体经济及其货币化的增长。在这一远超全球GDP货币维度的金融结构中，将很容易积聚金融风险，系统性风险的连锁反应将会发生，最终导致危机，正如1997—1998年和2007—2008年那样。

相较从金融服务中赚取的佣金，利息收入目前已经在银行利润中扮演了较小角色，而这一趋势将进一步发展。在金融创新中，互联网的使用将具有特别的作用。与货币非物质化相关的趋势亦将继续——现金流通减小，电子货币作用增加，银行的实体分支网络亦将缩减。

在持续全球化的情况下，跨境资本流动的意义将会提高，不同金融市场领域之间的相互联系将会增加。

尤其明显的是，这些相互联系将体现在保障世界经济集群间金融流动的国际金融中心之间。当前，按交易量衡量，伦敦和纽约（约占45%）的位置不可撼动，而它们在国际金融中的作用也将持续。同时，国际金融中心之间的竞争会愈演愈烈，早期功能有限的几个中心很可能走向国际水平，随着亚太地区国家和其他发展中市场的经济增长，老牌全球国际金融中心的支配权将相对滑落。到目前为止，亚洲中心（香港、新加坡）的竞争已然开启，而上海、深圳、首尔、悉尼和一系列拉丁美洲、近东和中东国家的中心将愈加占据活跃位置。

实行金融孤立政策的国家数量将会减少。未来 20 年，金融市场整体上将比 1980—2000 年更加开放。同时，交易向大型金融集团（全球金融中介和投资人）集中的趋势也将持续，这些大型金融集团将在全球市场和某一国家市场占据支配地位。交易所、场外交易市场、清算和托管机构的进一步合并也将进一步展开。

同时，金融市场的多样化趋势将继续发展。代表不同集团利益的（社会责任、“绿色”、伦理、伊斯兰金融）私营商业系统、专门平台和市场部门的数量将会增长。国际金融在创新、高科技和再工业化进程中的比重将会增加。

由于现代全球金融系统体量之庞大、运行之复杂和创新特征等各部分间的相互依赖性，国际金融系统能够产生系统性风险，且这种风险可能被低估，正如 2008—2009 年危机时期那样。

发现和消除系统性危机是国际、地区和国家层面金融调节新模式的核心问题，对于 G20 国家尤其如此。其基本原则是：

（1）金融调节与监管的标准化和规范化。这里并不是说所有标准都务必统一，而是在国家实践相互调和意义上的一种方向性目标；

（2）金融调节的普适性，国际监管标准的推广，不仅针对银行，还有其他金融机构，包括“影子”银行系统和新的金融工具，例如各种金融衍生品；

（3）所有类型金融交易和运行机制的高透明度。国家间更加活跃的信息收集和交换将促进透明度的提升。

金融制度和市场调节的关键步骤如下：

（1）鼓励银行和非银金融机构资本化，以在微观和宏观水平上减小风险；

（2）反周期调节以防金融市场过热，包括证券、衍生品市场、结构性金融产品、金融创新；

（3）抑制投机性操作和欺诈性市场行为；

（4）取消金融跨行业公司和“影子”银行系统的调节，以限制系统性风险；

（5）金融跨行业公司和跨国企业风险的跨境监管，有序破产国际系统的建立。

作为对国际金融组织（如国际货币基金组织和世界银行）有效性不足的回应，地区性多层面金融机构的作用得到提升。新的地区稳定基金、发展银行和基础设施机构，如信贷评估机构将被建立，或由现存机构扩大而成。它们都将是平行于国际机构的，而非替代性的。整体而言，我们认为，世界将逐渐转向较20世纪更为复杂的金融发展管理模式，其目的是保障经济稳步增长与稳定。在此框架下，与货币、通货膨胀、汇率、利率稳定性相关的，以及健全国家金融体系等传统任务仍然存在。在经济高涨的背景下，地方性金融危机（“大浪表面之涟漪”）在所难免。在预测期内，发展中国家（亚洲经济体、后苏联空间、拉丁美洲、伊斯兰金融）可能出现某些来自失衡、投机行为和“金融流行病”的危机，这种危机也可能发生在发达国家的创新型行业（新经济和金融创新的“肥皂泡”）。美元（作为世界储备货币）兑欧元和一篮子货币汇率的动态长周期将持续，与此相关，金融市场中商品资产的国际价格将发生周期性变化，21世纪初我们曾观察到这种现象。

巨大的系统性挑战将依旧与外债高企国家的主权债务激增有关，对于欧元区国家（在保存现行的社保支出财政系统情况下）、美国和日本，这将是最大的风险。

在欧元区内，债务问题的解冻要求在两个相互依赖的决策层面上——国家与次国家——协同一致的行动。这需要欧元系统决策层在共同预算和财政政策框架下，修正成员国相互作用的制度参数，包括建立银行联盟，明确欧洲央行对欧元区成员国银行系统的管控。在此情况下，南欧的债务危机将在周期性上升年景得到缓解，并在周期性滑落时加剧。现实威胁在于，某些南欧经济体债务违约的可能性仍然存在，至少在预测期前期。

在预测期，国际机构和国家将致力于扩大对金融领域的干预。金融业游戏准则将会出现变化，监管成本的上升也将是不争的事实。

人们将尝试去驾驭市场愈加增长的体量、复杂性、波动性，以及国际金融中愈加集中的中期风险，这种尝试将体现在国家和全球调节的发展之中。

新的调节措施将推行债务透明国际标准，填补税收漏洞，包括通过避税港的避税行为。在全球层面已取得的成果包括离岸管辖权和税收优惠区的设立，以及迫使国际金融中心与国际和国家监管单位进行信息法律合作。2009—2013 年，合作伙伴国间共签署了逾 700 项有关税务信息交换的协议。目前的当务之急是履行全球税务信息自动交换标准，已有 60 多个国家和地区申请加入。归根结底，银行业的秘密将越来越少。

2008—2009 年的危机昭示出全球货币金融市场对美国金融、美联储政策、美国财政部和美元的强关联度。

增强国际货币基金组织（IMF）作为世界央行的角色，提升特别提款权作为国际支付手段的作用，现代新凯恩斯主义理论的拥趸仍将视上述两点为问题的解决之道。IMF 在 2011 年发布报告称，已经准备好在其成员国有意时保障使用特别提款权作为主要世界货币。[①] 但由于世界无政府状态和世界央行的缺失，这一想法仍未实现。

在预测期，美元将继续其全球储备和结算货币的作用。

保持美元地位有诸多客观原因，与美国在科技、军事、金融领域的领导力相关。除此之外，从历史上看，一种重要全球货币的替换要伴随数十年的惯性延迟。同时，美元具有原料商品（如石油）计价货币的功能，使私人投资者和各国央行大量积累美元作为外汇储备。

---

① Enhancing International Monetary Stability — A Role for the SDR? IMF Strategy, Policy and Review Department, January 7, 2011, http://www.imf.org/external/np/pp/eng/2011/010711.pdf（登录时间：20.05.2015）。

同时，降低美元在世界货币指标中的权重是当下趋势，该趋势将在整个预测期内持续，尽管不一定呈线性。美元在国际货币储备中的比重从 2000 年的 71.1% 下降至 2013 年的 61.0%，而从 2014 年的 62.9% 又升至 2015 年的 64.1%。欧元作为国际货币储备的比重则从 2000 年的 18.3% 升至 2009 年的 27.7%，而后又从 2014 年的 22% 降至 2015 年的 19.9%。①

在可预见的未来，尽管欧盟存在种种问题，但欧元仍将保持世界第二货币的地位。

因此，欧元将作为结算货币活跃在欧盟内部。

欧元区的危机告诉我们，要想成功发行一种集体性的区域货币，一定要有区域内国家的高水平一体化，包括预算领域。因此，在可见的未来，除欧元之外，仍旧不会出现一种现实流通的集体性区域货币。

次要货币的数量已有所扩大。未来很有可能加入加元（加拿大元）和澳元。在当下第二梯队货币中，英磅扮演着最为重要的角色。日元将保持现在的水平，瑞士法郎对于私人投资者的作用看起来将会有所下降。

人民币将成为全球货币的论调仍为时尚早，这不仅因为一般性的客观条件，还因为中国的政策，中国政府充分意识到使人民币成为全球货币不仅有“好处”，也有“坏处”，这些均与国家货币的国际作用有关。中国人民银行暂未准备好使国际资本收支完全自由化。虽然国际货币基金组织已决定将人民币纳入特别提款权货币篮子，作为除美元、欧元、日元和英磅之外的第五种货币，但这并不意味着人民币作为储备货币的使用将会自动增长。

近年来，离岸人民币的运行非常活跃，人民币在东南亚地区的大型金融中心取得了广泛普及，如中国香港、中国台湾、新加坡。其他金融中心将在未来与离岸人民币的运行接轨。

---

① IMF 发布于官方外汇储备货币组成（Currency Composition of Official Foreign Exchange Reserves）的数据，http：//data. imf. org。

六、再工业化

2008—2009 年危机过后，当许多国家开始为经济发展和创造新工作机会寻找新的源泉时，再工业化进程作为新技术基础上老工业基地的复兴过程，已在发达国家取得进展。

在全球市场中发达国家曾盘踞要津的行业和领域里，来自发展中国家的竞争日趋激烈，加之全球附加值链的复杂性和重要性日益增强，国家对再工业化政策的兴趣也与日俱增。

中期来看，促进再工业化的若干因素包括：

第一，在遭遇经济衰退和持续性停滞时，西方国家意识到，经济增长不仅要刺激需求，也要完善供给，包括投资基础设施，支持技术、公司和所有经济部门。选择性行业扶持——这是一种保护工作岗位、帮助本国公司与外国参与者竞争的尝试。

第二，危机将市场机制有效性的问题摆上桌面，特别是将资金流投入经济“必需”领域，将经济引回长期增长轨道的问题。一些国家，如美国和英国，将致力于稳定其经济，改变泡沫化的金融服务业和不动产部门。

第三，作为危机的后果，许多国家显露出尖锐的经济结构失衡，因而不得不作出修正。结果，这些国家直接采取以修正结构性失衡为导向的战略，在内部与外部之间、在经济各部门之间取得平衡。通常来说，这些措施均旨在降低对金融部门的依赖性，着重于先进制造业和新技术领域。

第四，一众国家试图找到一个有效的答案，来解释发展中国家（特别是中国）的经济成就、竞争力的增长以及在全球附加值链中的上升过程。

现代全球工业[①]占全球 GDP 的 26%，占全球出口的 70%，为发达国家制造业创造 4500 万个就业岗位，占私人部门研发费用的 80%。[②] 然而，将工业对于世界经济的意义仅仅归纳为统计指标、产品生产和保障就业，则是有待商榷的：如果没有强劲的、多元化的生产部门，就不可能有全球经济的跨越式发展。

制造业是国家繁荣的重要动力——它是所有经济部门的结构生成行业，其中包括服务业。[③] 在它的组成部分当中，先进生产和高科技制造保障了创新能力的实现，以及新技术、新产品、新生产方法的创造和应用。对于任何一个国家来说，制造业是其经济和民族安全的物质基础和最重要的保障。相较其他领域，制造业集中了最大量的中产阶级和高技能劳动力，而注入该行业的投资则能在经济中带来最大的倍增效应。[④]

在制造业近 20—30 年的发展中，直至全球经济危机，我们可以发现如下主要趋势：

（1）在发达国家中，制造业生产量增加，企业数量同时缩减，制造业占 GDP 比重减少，制造业在就业中的比重减少；

（2）劳动生产率高速增长；

（3）生产由发达国家转移至发展中国家。

---

① 按照联合国的分类，工业中包含采矿企业、制造业企业，以及电力、天然气和水的生产者和供应者。但基本上，再工业化问题的主要分析对象是制造业。

② World Development Indicators, Табл. 4. 2, http://wdi. worldbank. org/table/4. 2. International Trade Statistics 2015, WTO, https://www. wto. org/english/ res_e/statis_e/its2015_e/its2015_e. pdf, Manufacturing the Future: The Next Era of Global Growth and Innovation, McKinsey & Company, 2012, p. 3, http://www. mckinsey. com/insights/manu facturing/ the_future_of_ manufacturing. cience and Engineering Indicators 2014, Arlington VA: National Science Foundation (NSB 14 01), Appendix table 4 31, http://www. nsf. gov/ statistics/ seind14/index. cfm/etc/pdf. htm.

③ 例如，如果美国高科技行业中的就业人口有 270 万人，那么在与之直接相关的服务业中（维护、服务、修理等）将有 1160 万个工作岗位。Science and Engineering Indicators 2014, Arlington VA: National Science Foundation (NSB 14 01), Appendix Table 6 55, Available at: http://www. nsf. gov/statistics /seind14/index. cfm/etc/pdf. htm。

④ The Future of Manufacturing Opportunities to Drive Economic Growth, Geneva, April 2012, p. 9, http://www3. weforum. org/ docs/WEF _ MOB _ FutureManufac turing _ Report _ 2012. pdf.

这些趋势共同导致了发达国家的所谓去工业化。上述趋势中的某几个可能会在特定条件下延续至2035年。尤其能够看到的是全球工业制造在未来日子里的结构性发展方向。在世界经济、工业和贸易结构中，出现了新的强劲的跨部门信息通讯技术综合体。例如在美国，电脑和电子制造占制造业的13%。[①] 2014年，信息通讯技术占全球服务出口总量的46%。[②]

（1）发达国家和先进发展中国家的工业企业（大型企业和中小企业）已普遍步入以信息通讯技术、自动化生产线和工业机器人为基础的新的商业模式和生产管理系统。以新技术为基础的工业转型提高了生产效率，并大大节约了生产过程中的劳动力和物质资源。

（2）世界工业制造和生产力分布中心的布局业已改变。转移至发展中国家的不仅仅是发达经济体污染环境的重工业和资本密集型工业，还有轻工业企业、装配工厂和创新公司。

在工业制造领域，美国、日本、欧盟逐渐丧失了世界领导者的地位，尤其在高端制造、知识密集型和高科技行业。中国已坐上全球制造业生产量、出口量和一系列工业发展指标的头把交椅。2000—2013年，中国在全球制造业中的比重从6.6%升至24.5%，而美国则从26.0%降至16.3%。[③]

美国、日本和欧盟领先国家的去工业化是一个客观进程，它来自于发展中国家劳动生产率和竞争优势的增长，尤其是较低的生产成本。而2008—2009年的经济危机使去工业化的矛盾尖锐化，它清楚地揭示出实体经济与强大工业对于保障扩大再生产和经济增长的重要意义，并将所谓的再工业化提上发展的首要任务行列。

我们可以认为，在发达国家经济结构的变化中，去工业化阶段的危机已经结束。

---

① Bureau of Economic Analysis. http://www.bea.gov/iTable/iTable.cfm? ReqID = 51&step = 1#reqid = 51&step = 51&isuri = 1&5101 = 1&5114 = a&5113 = 22r &5112 = 1&5111 = 1997&5102 = 1.

② World Development Indicators, Табл. 4.6, http://wdi.worldbank.org/table/4.6.

③ World Development Indicators, 表4.3, http://wdi.worldbank.org/table/4.3.

欧盟的政府和领导层已经出台一系列工业优先发展的文件。再工业化计划的出发点是，欧洲应当在诸多战略性经济领域保持领导地位，如汽车制造、航天工业、化学和制药工业。该计划聚焦于7个关键领域的投资与创新——先进制造技术、基础技术、生物产品、稳健的工业政策、新建筑材料、环保型交通工具和智能电网。

日本不久前制定出再工业化的新工业政策计划，旨在走出建立在汽车工业和电子工业基础之上的“垄断型”经济结构，朝五大战略领域的方向发展，包括：基础设施服务出口；环保解决方案；文化领域（时尚、饮食和旅游）；卫生；日本先进而传统的行业（机器人技术、航天研究、航天工业）。

美国从来没有形式化的工业政策，但不久前在国家经济委员会的领导下，制定了再工业化创新战略。它将经典的“横向”工具（例如基础设施改善、信息通讯技术、教育和国家服务）与一系列“纵向”优先项（如清洁能源技术、生物技术、纳米技术、航天研究和先进制造工业）相结合。除此之外，支持美国工业复兴的法律（《2009年美国复苏与再投资法案》）将支持能源技术、住房建设和一系列其他产业措施加入其中，作为刺激需求的补充工具。

在美国，再工业化和回岸政策已经取得了一定结果，虽然暂时还有限。[1] 在欧洲国家，再工业化将进行得更加困难一些。[2] 欧盟再工业化的目标是2020年前将GDP中的制造业比重由15%提高至20%，但微弱的经济增长对此提出了挑战。

发展中国家，首先是中国、印度、新加坡、印度尼西亚、巴西、墨西哥等国，在世界工业品市场中展现出很强的竞争力，在自己的经济发展中也迈出了前进的脚步，虽然步伐不如危机前快。从发达国家的现代工业技术进口，与跨国公司的合资企业，国内人员的工

---

① Bureau of Labor Statistics, http: //data. bls. gov/timeseries/CES3000000001? data_ tool = XGtable.

② For a European Industrial Renaissance, Communication from the Commission to the European Parliament, the Council, the European Economic and Social Committee and the Committee of the Regions, Brussels, 2014, p. 1.

业教育和培训，为发展中国家工业创造了科技和生产机会，使它们得以赶上工业发展的现代趋势。在全球工业品市场中，发展中国家不大可能轻易地将自己争取来的地位拱手相让于发达国家。

不仅如此，最大的发展中国家正在进行自己的工业化项目。例如，印度工业政策部于2011年11月发布国家制造业发展政策，旨在于2032年前将GDP中的工业比重从16%提高至30%。该战略的中心元素是国家制造业与投资区的建设，该区域将享受税收减免和财政优惠，与私营企业合作的自治州也将发展起来。

巴西正在努力克服开始于20世纪90年代并在近年因与中国竞争而加剧的“不成熟的去工业化”的后果。所谓大巴西计划（Plano Brasil Major）应运而生，旨在提高产值，应对国家经济中工业作用下降的情况。该计划着重于工业创新政策，并从根本上为其支撑系统带来改变，将创新与投资融资的责任寄托在国家经济与社会发展银行的身上。

尽管也有企业层面的再工业化措施，但在发达国家，到2030年之前，与物质生产领域相比，保持跨越式发展的仍将是流通与服务领域。当然相较过去20年，该过程将明显放缓。在很大程度上，这取决于“金融化”进程的持续——金融贷款作用的增长。除此之外，职业与商业服务、创新产业（广告、建筑、工匠、电影、设计等）和信息通讯部门的地位亦将提高。由于大多数发达国家中的人口老龄化，保健卫生领域的增速亦将提高。

较高的产品质量、保障与服务将维护发达国家产品在世界市场中的份额。

目前尚不明朗的是，一些参与跨大西洋和跨太平洋伙伴协议的国家在国家工业政策上做何反应。一方面，保护主义的弱化、外贸壁垒的消除，以及交易、物流和其他成本的缩减将带来工业制造成本的下降和许多企业生产的增长。另一方面，竞争力不足的公司正在从市场中消失。高效的企业很有可能会胜出，而较弱的企业则不得不因各种负面因素的影响而关门大吉（失业率增长、社会不稳定、国家补贴和再教育等成本增加）。

从对全球生产和需求的影响程度看，相较信息通讯技术，再工业化影响经济的速度和深度，将取决于下次科技革命的突破性阶段何时来临。不能排除的情况是，它将在我们的预测期之后开始，到21世纪30年代之前，发达国家可能将保持近年来相对较低的工业生产增速，并在增长率较低甚至保持不变的经济中，为再生产过程提供保障。

但这并不意味着科技进步将会停滞不前。工业制造的技术和工艺转型将进一步实现。新的产业和产品工艺将会出现，效率和生产率也均会提升。同时，只有那些有能力带来生产力质变和结构性升级的、能够穿透一切的突破性技术，才能反映在大多数人类的生活之中，从根本上对增速与发展产生强烈影响。

近十年来，信息通讯技术已成为这种技术，在美国和其他发达国家，以及随后的发展中国家，这种技术已然成为增长的主要动力。相较过去10年，信息通讯技术对经济增长的贡献在后危机时代已经开始减弱，但仍在一定水平上保持稳定。然而，从对再生产过程的影响规模方面看，出现崭新的、可与信息通讯技术相媲美的突破性技术综合体的可能性，依然不能被排除。

七、全球能源

到2035年前，经济增长对能源需求的依赖性将进一步减弱。

人口、经济和政治因素共同勾勒出全球能源的发展轨迹。世界经济的放缓和中国从粗放型增长向集约型增长转型，使大量传统和非传统碳氢能源的储备得以流通的技术革新，“绿色能源”领域日趋成熟以及全球能源保护趋势强化，为我们提供了全球能源发展的新坐标系统。

能源不会变成经济增长的限制。技术进步和化石燃料储备量的扩大将带来世界能源结构的显著变化。

到2020年前，世界对一次能源的需求将会达到151亿—154亿吨石油当量，到2035年前将达到181亿—193亿吨石油当量（图4.9）。虽然有所衰减，但高企的能源需求增速背后，是世界人口的增长和发展中国家经济发展的持续提升。

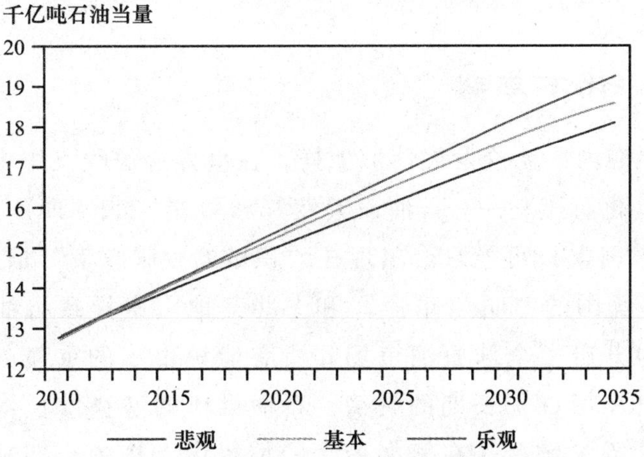

图 4.9 一次能源需求动态的情景预测

资料来源：IMEMO 计算。

发展中国家将保障主要的能源需求增量，中国首当其冲，它将占世界能源需求总量的 2/5。到 2020 年，中国在世界一次性能源需求中的占比将达到 24%，到 2035 年将达到 26%（图 4.10）。

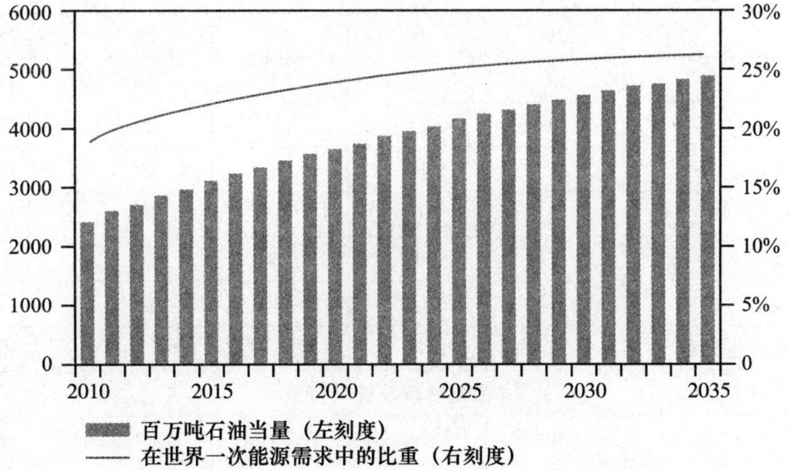

图 4.10 中国一次能源需求动态预测（基本情景）

资料来源：IMEMO 计算。

（一）化石燃料

在预测期内，无论发展情形怎样，在世界能源收支中占据支配地位的仍将是化石燃料——石油、天然气和煤炭（表4.1）。原子能的复兴（有限国家）可能只会出现在“积极的脱碳政策”情景之中。

石油。美国的“页岩革命”和一些其他因素导致石油价格的显著滑落，也开启了全球石油市场和所有能源市场的重建。在全球石油市场中已经形成了长期的失衡，石油供应的潜在增长将从根本上提高对它的需求增量。在概率最大的情景中，从中长期来看，在人口、经济和技术因素的影响下，大众消费者的生活动机和模式将有深远的影响，全球石油需求的增长将会放缓。发达国家已经渡过了需求的历史顶峰，结构性因素注定了需求的进一步衰减。

表4.1　世界：能源结构的情景（%）

能源类型	2012	2020	2025	2030	2035
“环保政策”情景					
煤炭	29	28	27	26	25
石油	31	30	29	28	27
天然气	21	21	22	23	23
化石燃料总量	82	79	78	77	76
核能	5	6	6	6	6
水力	2	3	3	3	3
生物能源	10	10	11	11	11
其他可再生能源	1	2	3	3	4
“积极脱碳政策”情景					
煤炭	29	27	23	20	18
石油	31	30	28	27	24
天然气	21	21	22	23	23
化石燃料总量	82	78	73	69	65

续表

能源类型	2012	2020	2025	2030	2035
核能	5	6	6	9	9
水力	2	3	3	3	3
生物能源	10	11	13	14	15
其他可再生能源	1	2	5	5	8

资料来源：由国际能源署计算；参见《2014 年世界能源展望》。

在 20 世纪 90 年代和 21 世纪初盛行的"石油生产顶峰"流言已宣告破产，未来支撑全球增长的能源亦不会发生不足。

世界石油需求（不包括生物燃料和石油加工的额外量）将在 2020 年升至 9150 万桶/天，在 2035 年达到 9900 万桶/天（图 4.11）。大约 2/3 的全球石油增长将由中国来保证。全球石油需求的顶峰很有可能在 2033—2040 年这一时段内确定下来。如果中国经济放缓超过预期，印度经济没有达到预测增速，而可替代能源的发展加速，那么全球石油需求的顶峰将提前到来。

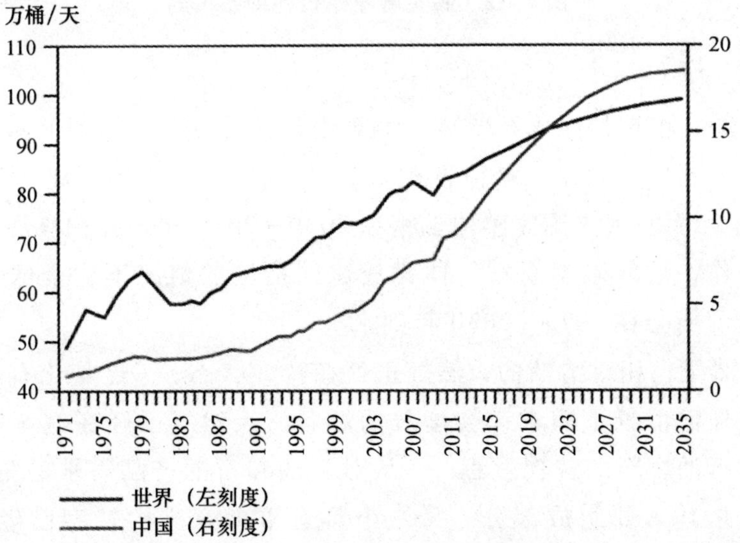

图 4.11　世界和中国的石油需求预测

资料来源：IMEMO。

石油价格的大概率事件将是在 80—100 美元/桶的区间振荡（在不考虑通货膨胀时，图 4.12）。在 2020—2025 年，石油价格很可能稳定在 65—85 美元区间。在中国经济更快放慢的情况下，石油价格可能会在更低的水平。长期石油价格越低，全球石油需求的峰值便越会推迟。但再低的油价也不会停止交通工具上替代燃料的使用。

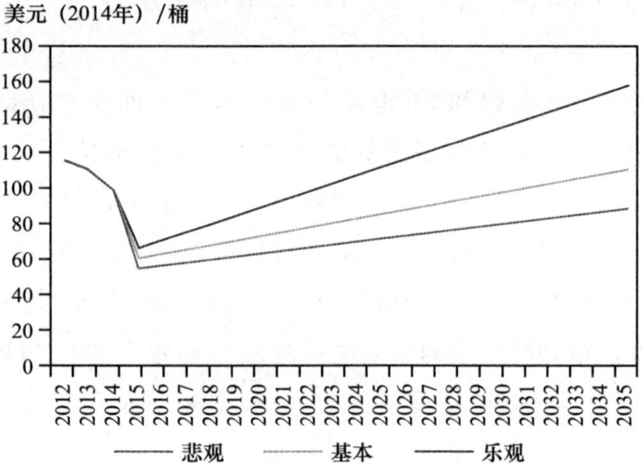

图 4.12 布伦特原油价格动态预测

资料来源：IMEMO。

煤炭。相较其他化石燃料，煤炭化石燃料将更早达到世界需求的峰值。发达国家的这一峰值将在 2020 年前到来，中国可能在 2020—2025 年，而发展中国家整体上将在 2030—2035 年。在积极展开国际气候合作，采取限制温室气体排放协同措施的情况下，全球煤炭需求峰值可能会在 2025—2030 年到来。

天然气。相对清洁的天然气正处在特许状态——这是化石燃料中唯一在任何情景下需求都会增长的燃料。天然气已经在汽车领域开始了对石油燃料的替代过程——从对石油和石油产品需求的角度看，天然气是其重要组成部分。另一个具有重大意义的转型已经出现，在海洋和水路交通领域，天然气的用量正逐渐上升。

电能。对电能的需求将继续以跨越式速度增长。电能整体上，特别是分布式电能（非网络）的下属部门，将愈加活跃地对煤炭、石油和天然气市场的前景造成影响。如火如荼的技术突破，首先发生在能源效率和化石燃料替代品方向上，即发生在电能领域（电动汽车、生活和工业蓄电器）。这些技术突破和金融市场（为新“智慧电能”服务）的迅猛发展，使市场参与者构建出有效的商业战略。

天然气市场和电能市场的整合正在加强。在美国，这一进程发展得尤其迅速，电能几乎已经成为“天然气的女主人”。两个市场的形成——天然气和电能，及其整合组成了欧盟第三次能源改革方案的核心。

以“智慧电能”为基础，向低碳经济发展范式快速过渡的可能性正在上升。

（二）新能源

不光发达国家，中国和印度正在积极推进新能源，发展相关制造业集群——太阳能电池、风力涡轮、蓄电器、汽车和非传统能源交通工具，包括电动汽车等。

2014—2015 年出现了与低碳技术发展相关的政治突破。2014 年 11 月，中国和美国——两个最大的温室气体排放者，共同宣布签署新的全球气候协议。2015 年 5 月，气候商业峰会（巴黎）从原则上宣布支持在全球范围内推行碳排放统一收费制度。最终，2015 年 6 月，G7 峰会宣布支持发展和推进能在 2050 年前促进能源根本性重组的创新技术。

新型可再生能源的生产，首先是风能和太阳能，正以跨越式速度增长。

时至今日，在新能源领域正运行着上千家私人企业，金融商业项目的分支系统业已建成。但由于较低的原始基础和相对较高的生产成本，可再生能源在世界能源需求中的占比在 2020 年前不会超过 2%—3%，2035 年前不会超过 4%—5%。因此，在发达国家，尤其是通过国家补贴和行政杠杆积极推进新能源产业的欧盟成员国，新型可再生能源对满足总体能源需求的贡献，在预测期结束时可能达到6%—7%。

到预测期结束，在技术突破基础之上，世界能源的新产业将会形成。成功概率最大的方向是氢能源、燃料组件、可燃冰。

无法排除悲观情景的可能性——电池、工业蓄电器和分布式电能领域取得突破性进步。煤炭和（某种程度上的）天然气都会受到“爆炸性”技术突破的损害。为了维持自己在能源终端消费结构中的比重，石油和天然气出口商不得不降低化石燃料价格。

八、经济发展中的生态因素

在预测期内，发达国家经济发展中的生态因素将因经济现代化水平的不同而表现出不同的紧张程度。

到2035年将出现两个矛盾的趋势：一是世界生态问题的加剧；二是以科技成就为基础的经济活动对环境的影响减弱。

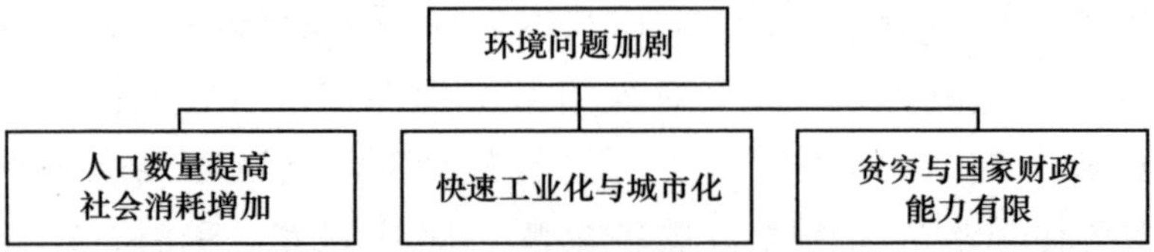

图4.13 生态问题加剧的因素

生态问题在中期加剧受下列因素影响：加速的工业化与城市化，公共消耗的增长，人口数量的增加，贫穷。

这些因素在发展中国家的盛行决定了全球经济中心向这些地区转移过程的稳定性。其结果是，这些国家粗放型经济发展所带来的生态成本增加。生态损失的花费将在GDP 5%—10%的范围内振荡，这一指标的最大值出现在迅猛发展的经济体中，如中国和印度。在人口持续增长且其组成部分中有较大贫困阶层时，粗放型经济增长将不可避免地造成生态成本增加。

自然资源枯竭，生态系统退化和环境污染增加等恶劣的生态环境，将制约经济可持续发展的机会，从而使自然资本和人力资本失去意义。生态形势在发展中国家的恶化，将导致工业和农业生产资源基础的破坏，以及粮食问题加剧（尤其对于撒哈拉以南非洲、南亚和近东）；劳动生产率和劳动力资源质量下降（环境污染对人口健康的影响）；投资环境恶化，外国投资紧缩。

人类赖以生存的日常居住环境的破坏将导致贫穷和社会紧张情绪的加剧，以至于需要国家动用额外的经济资源。

未来 20 年，可能会出现严峻的供水问题。该领域的主要风险与诸多地区清洁饮用水不足相关。到 2030 年，生活在这些地区并遭受水资源匮乏（北非和南非、南亚和中亚）的世界人口比重可能升至 47%。与此同时，在经济合作与发展组织成员国中，生活在水源紧张地区的人口比重将升至 38%。在农业消耗量保持稳定的情况下，世界水需求量的增长将首先与工业和生活用水消耗量的增加有关。日益增长的水资源负荷将导致储备严重枯竭和地下水污染，这对农业和愈加增长的城市地区供水都会造成负面影响。因此，对较高质量水源的获取将在未来有所增加，因为近年来已经在一定程度上缓解了早先该领域的危急情形。

虽然如此，但这仍将是世界长期前景中的严肃问题。到 2050 年，将有 2.4 亿农业人口会面临供水问题的挑战。全球水资源污染问题也将因城市污水（世界城市化速度将超过城市基础设施建设速度）而愈加严重，在农业地区也存在同样问题。长远来看，大约有 14 亿人（主要集中在发展中国家）仍缺少排污系统——千年发展目标中的这一任务仍未完成。

近年来，全球气候国际治理的失败要多于已经取得的成功，这些失败之处在很大程度上决定了未来趋势。

全球气候调节领域的主要问题与以下过程相关：

（1）全球温室气体排放的增长，及空气中温室气体浓度的相应升高；

（2）全球气候进一步变化对于人类和生态系统的负面后果，包括自然灾难频率和强度的增大，热浪、海平面上升、传染性疾病的传播等等；

（3）积极制定适应气候变化的战略；

（4）有关国家减排的国际共识，以及完成之前签定的将气温增长限制在2 摄氏度以内的目标，并没有取得成功。该问题的解决需要全球严肃认真的共同行动。

在生态风险加剧的情况下，发展中国家的竞争力将大打折扣。

因此，势在必行的是提高下述方面的投资量：环境保护，恢复已经恶化的自然资源和生态系统；卫生和社会领域，建立现代基础设施和发展清洁技术。解决这些问题需要融资和技术手段，但二者之间的脱节将会持续甚至扩大。因此，发展中国家粗放式工业化的生态风险将会提升并扩展至全球。首先，这将出现在其应对气候变化的行动中，主要来自中国和印度，在未来近十年里，减少温室气体排放不会出现在他们的生态战略中。

同时，提升发展中国家与解决生态问题之间的经济相关性，其客观条件已经出现：

第一，自然资源紧缺将合理使用问题提上日程，这符合经济发展强度的利益。

第二，全球化将提升国家的生态竞争力。

第三，气候变化问题在全球层面的政治化，使建设以创新发展方式为基础的“绿色”经济变得异常迫切。

对于**发展中国家**而言（中国、韩国、一些东南亚新兴工业国），实行对抗气候变化的政策，将成为其以增加国际经济竞争力为导向的经济战略的重要组成部分。该目标的实现过程将伴随科研投资的提高，可再生能源技术和清洁技术进步的加速，生态商品与服务市场的扩大。因此，发展中国家与建立资源和能源有效型经济（“绿色”经济）之间的相关度将在很大程度上取决于其与世界经济的一体化水平。

鉴于这一因素（正如它们经济和技术发展水平的差异），我们可以作出推测，在构建低碳（“绿色”）经济的过程中，只有少量的发展中国家被吸引过来。然而，在知识密集型和技术领域的优先发展过程中，这些少量国家也将面临困难。这些国家将被局部成功所制约，其中包括在交通、燃料能源、建筑和可再生能源领域提高能源和资源的使用效率。

相形之下，**在后工业国家中**，生态因素对经济增速的限制作用将没有那样明显。

大部分地方性生态问题已基本解决，环保、生态基础设施和科研方面的投资将会提升，这将在中期带来好处。生态工业的发展将刺激对生态设备与服务的需求增长。

其结果是，依靠发达国家的力量，在预测期内，全球发展生态化进程将会持续，且涵盖所有方面——经济、社会、政治、国际关系。该过程的基础仍将是生态可持续发展的理念，在这一理念框架下，生态、社会、经济优先项相辅相承，具体措施相互协调。因此，可持续发展的战略重心将具备全球维度。2030 年前，优先完善全球可持续发展目标，与千年发展目标相互作用。与后者不同的是，可持续发展目标处于全球层面，并囊括所有主要国家。

寻找解决生态问题的创新机制，以抑制或预防自然环境的负面变化，将成为预测期内国际议程的优先项。有效且富有针对性的生态政策，与国家调节工具、市场机制和志愿义务相配合，能够长远地克服环保领域的负面趋势，并保障社会经济的发展，保护生态系统。

在新技术生产周期、可再生能源发展和经济结构转型的基础之上，通过减少能源消耗和提升自然资源使用效率来解决气候变化的问题，这将是注意力的重点所在。将生态命令纳入经济发展战略将扩大创新发展空间，并将成为高质量增长中最重要的因素。

具体生态优先工作的变化和扩展——从曾经根据生态要求限制经济活动，到推行生态创新和生态技术的新方法，再到资源保护和能源效率，依靠生态因素提高某些生产的竞争力。生态分量将成为经济决策和某些工业和企业部门发展战略的重要组成部分。其侧重点将是创造“绿色”工作岗位，改变人们对于行为和消费的思维定势，鼓励自然资源在家庭生活中的节俭使用。生态政策的成功将不仅促进环境保护，还将改善人们的健康状况，提升生活的质量和舒适度。

推动可持续发展的生态调节工具将会被设计出来，首先便是明确自然资源和生态系统服务的价值。资源评估完整准确的必然结果将是其更加合理的使用。能够反映自然财富价值的生态市场部门也将被创立，其表现形式包括水费、污染气体排放费、森林和水域生态系统管理服务费、生态评估标识和认证系统使用费。在可预测的未来，这些经济工具，如生态税和排放配额交易系统，将决定某些污染物的排放费用，并使那些危害自然环境行为的成本相较其"绿色"处理方式更加昂贵。[①] 经合组织国家的未来方向必然是向"绿色"经济过渡。

预测期的特点——缺少统一的能够使所有国家都向"绿色发展"转型的全套措施。其工具的选择应该与具体现实相适应，并能够反映出国家发展和未来优先项的特点。除此之外，推进后工业国家建设"绿色"经济具有一定的技术和政治界限。新型清洁技术的发展速度将首先取决于确定成本与收益关系的市场情况，其次取决于国家的调节和刺激措施。

这些因素的相互关系将决定后工业国家经济发展形成新趋势的强度。

将进一步发生的还有国际贸易中生态保护主义形式的发展和多元化。可期的是双边和地区贸易协定数量的增加，这些协定的条例将包含自然保护的义务。目前，在有美国、加拿大、欧盟、新西兰参与的地区贸易协定中，已包含足够广泛的对于生态义务的监管，这些生态义务或出现在协议中特定的生态章节，或是在与协议伴生的生态合约中。

预测期将是建设低碳经济的过渡期，在这期间，对于一国是必然损失，对于另一国则是利益，生态对竞争力的作用将会增加。

在未来，针对那些使用破坏环境的技术而制造出的产品，发达国

① 这是经合组织2050年前的生态设想，例如，在未来使"污染环境成为代价高昂的生意，而价格则完全反应自然资源的价值"，OECD Environmental Outlook to 2050: The consequences of inaction. Paris, 2012。

家能够提高贸易壁垒。在那些能够在预测期生效的生态优先项基础之上，某种市场框架下的贸易调节系统将被设计出来。在国际投资条约中，生态责任原则的运用将在未来扩大，包括有关自然保护、健康和安全的特殊条款。

全球化的特征之一，将是环保活动形式与方向的扩展。尽管在某些情况下，运营在发展中国家的环境污染跨国企业仍可能存在，但整体上，企业将进行标准的生态实践，遵守统一的生态规范。与之相辅相承的将是发展中国家的生态技术转型进程和所谓优秀企业生态实践的广泛使用。企业完成生态义务是提高竞争力的先决条件，而如何建立“绿色”企业形象和名誉将成为大多数跨国企业重要的考虑因素。

到2035年前，在生态因素日渐增强的影响之下，在全球经济中，将环保纳入企业战略优先项的工业公司数量将会增加。生态创新的引进，向环保和低能耗技术的过渡将作为对国家监管措施的回应而得以实现。同时，它也与经济方针和巩固竞争力的任务相关联，其中包括依靠生产周期框架下的自我“绿色”形象完善和生态责任提供商的选择。因此，志愿机制的普遍性将有所提升——通过企业社会责任规划，在不同行业的公司活动区域中使社会性任务与环保任务相配合。通常在自己的活动中，公司会接受超过其规范和标准的、额外的生态与社会义务。

在未来，这种志愿性的企业自我监管将在国家和国际水平上获得更加广泛的支持。目前，一系列国家——加拿大、一些欧盟成员国甚至印度——正在制定鼓励志愿型企业义务的战略。但在国际层面，在缺乏统一管理文件的情况下，发挥作用的是一些机制，如联合国全球契约、可持续发展报告指南、全球报告倡议组织、国际标准化组织14000系列标准，这些机制的完善过程也将持续下去。未来工业公司将更加积极地推行生态管理系统，使用与国际标准化组织生态标准相一致的认证系统及产品生态标签。

在可预测的未来，各种金融机构——发展银行、私人金融机构、出口贷款中介、评级机构等，很大程度上将把企业的生态和社会影响纳入考量，看其是否破坏了生态责任，并将之反应在公司的股票交易牌价上。在一系列能够对金融服务发展方向造成影响的工具中，存在一系列主导的银行工具，与当下的“赤道原则”类似——由国际金融公司制定的社会生态可持续性标准，以及经合组织对于生态货款和出口货款的建议。

附录：本章相关统计数据

（IMEMO 计算）

附表 4.1　人口（万人）

国家/地区	1980	1990	2000	2010	2014	2020	2030	2035
全球	4438	5279	6102	6884	7261	7580	8100	8300
发达国家	929	987	1049	1107	1126	1150	1180	1200
美国	227	250	282	309	319	330	348	357
日本	117	124	127	127	127	127	127	127
欧元区	229	309	318	333	336	344	352	356
欧盟 *	464	478	488	505	508	518	530	535
德国	78	79	82	82	81	82	83	84
法国	55	58	61	65	66	68	70	71
意大利	56	57	57	59	61	64	66	67
英国	56	57	59	63	65	67	70	71
发展中国家和经济转型国家	3500	4287	5047	5769	6105	6430	6920	7100
中国	981	1135	1263	1338	1364	1380	1400	1400
印度	699	869	1042	1206	1275	1360	1470	1510
巴西	122	150	175	195	206	210	220	225
俄罗斯联邦	139	148	147	142	144	146	147	148

* 此处及接下来的欧盟数据均包括英国。

附表 4.2　GDP 年均增长率（按 2014 年购买力平价计算，%）

国家/地区	1991—2000	2001—2010	2011—2014	2015—2020	2021—2030	2031—2035
全球	3.0	3.8	3.4	3.7	3.8	3.7
发达国家	2.7	1.7	1.5	2.3	2.6	2.6
美国	3.4	1.6	1.7	2.7	2.8	2.8
日本	1.1	0.8	0.7	1.2	1.4	1.4
欧元区	2.3	1.2	0.4	1.7	2.1	2.1
欧盟	2.2	1.5	0.8	1.8	2.2	2.2
德国	1.9	0.9	1.6	1.8	2.2	2.2
法国	2.1	1.2	0.8	1.5	2.1	2.2
意大利	1.6	0.3	-1.1	1.5	2.0	2.0
英国	2.4	1.7	1.7	2.4	2.7	2.7
发展中国家和经济转型国家	3.4	6.2	5.2	4.8	4.6	4.3
中国	10.4	10.5	8.1	6.5	5.0	4.0
印度	5.6	7.5	6.5	6.7	6.0	5.0
巴西	2.6	3.6	2.1	2.5	3.2	3.5
俄罗斯联邦	-3.9	4.8	2.4	2.5	3.5	4.0

附表 4.3　GDP 增速（按 2014 年兑美元平均汇率计算，%）

国家/地区	1991—2000	2001—2010	2011—2014	2015—2020	2021—2030	2031—2035
全球	2.8	2.6	2.6	3.2	3.4	3.3
发达国家	2.7	1.6	1.4	2.4	2.7	2.7
美国	3.4	1.6	1.9	2.7	2.8	2.8
日本	1.1	0.8	0.7	1.2	1.4	1.4
欧元区	2.2	1.2	0.4	1.8	2.2	2.2
欧盟	2.2	1.4	0.7	1.9	2.3	2.3
德国	1.9	0.9	1.6	1.8	2.2	2.2
法国	2.1	1.2	0.8	1.5	2.1	2.2
意大利	1.6	0.3	-1.1	1.5	2.0	2.0

续表

国家/地区	1991—2000	2001—2010	2011—2014	2015—2020	2021—2030	2031—2035
英国	2.4	1.7	1.7	2.4	2.7	2.7
发展中国家和经济转型国家	3.2	4.5	4.7	4.5	4.3	4.0
中国	10.4	10.5	8.1	6.5	5.0	4.0
印度	5.6	7.5	6.5	6.7	6.0	5.0
巴西	2.6	3.6	2.1	2.5	3.2	3.5
俄罗斯联邦	-3.9	4.8	2.4	2.5	3.5	4.0

附表 4.4 GDP（按 2014 年购买力平价计算，十亿美元）

国家/地区	1990	2000	2010	2014	2020	2030	2035
全球	48898	65708	95057	108777	135330	196940	236100
发达国家	29553	38708	45962	48735	55900	72140	81850
美国	9733	13651	16068	17348	20360	26830	30800
日本	3840	4296	4638	4767	5120	5890	6310
欧元区	9345	11716	13243	13445	14850	18300	20300
欧盟	12704	15755	18360	18930	21030	26080	29100
德国	2663	3226	3522	3748	4170	5190	5780
法国	1811	2228	2513	2591	2830	3490	3890
意大利	1847	2162	2231	2135	2330	2850	3140
英国	1595	2021	2398	2569	2960	3870	4420
发展中国家和经济转型国家	19344	27000	49095	60042	79430	124800	154350
中国	1815	4891	13268	18088	26390	42990	52310
印度	1624	2788	5767	7411	10940	19590	25000
巴西	1634	2104	3011	3276	3800	5210	6180
俄罗斯联邦	3025	2032	3255	3577	4150	5850	7120

附表 4.5　GDP（按 2014 年兑美元平均汇率计算，十亿美元）

国家/地区	1990	2000	2010	2014	2020	2030	2035
全球	40935	54147	69656	77269	93500	130150	153000
发达国家	29500	38494	45300	47979	55450	72150	82470
美国	9733	13651	16068	17348	20360	26830	30800
日本	3708	4147	4478	4602	4950	5680	6100
欧元区	9437	11752	13206	13414	14900	18520	20600
欧盟	12590	15642	17993	18527	20730	25950	29080
德国	2753	3335	3640	3874	4300	5360	5980
法国	1980	2436	2748	2834	3100	3810	4250
意大利	1858	2174	2244	2148	2350	2860	3160
英国	1831	2320	2754	2950	3400	4440	5070
发展中国家和经济转型国家	11435	15653	24356	29290	38050	58000	73530
中国	1039	2800	7597	10357	15110	24620	29950
印度	449	772	1596	2051	3030	5420	6920
巴西	1171	1507	2157	2347	2720	3730	4430
俄罗斯联邦	1574	1057	1693	1861	2160	3050	3700

附表 4.6　全球 GDP 中的国家与国家类型比重

（按 2014 年购买力平价计算，%）

国家/地区	1990	2000	2010	2014	2020	2030	2035
全球	100	100	100	100	100	100	100
发达国家	60.4	58.9	48.4	44.8	41.3	36.6	34.7
美国	19.9	20.8	16.9	15.9	15.0	13.6	13.0
日本	7.9	6.5	4.9	4.4	3.8	3.0	2.7
欧元区	19.1	17.8	13.9	12.4	11.0	9.3	8.6
欧盟	26.0	24.0	19.3	17.4	15.5	13.2	12.3
德国	5.4	4.9	3.7	3.4	3.1	2.6	2.4
法国	3.7	3.4	2.6	2.4	2.1	1.8	1.6

续表

国家/地区	1990	2000	2010	2014	2020	2030	2035
意大利	3.8	3.3	2.3	2.0	1.7	1.4	1.3
英国	3.3	3.1	2.5	2.4	2.2	2.0	1.9
发展中国家和经济转型国家	39.3	41.1	51.6	55.2	58.7	63.4	65.4
中国	3.7	7.4	14.0	16.6	19.5	21.8	22.2
印度	3.3	4.2	6.1	6.8	8.1	9.9	10.6
巴西	3.3	3.2	3.2	3.0	2.8	2.6	2.6
俄罗斯联邦	6.2	3.1	3.4	3.3	3.1	3.0	3.0

附表4.7 全球GDP的国家与国家类型比重

（按2014年兑美元平均汇率计算，%）

国家/地区	1990	2000	2010	2014	2020	2030	2035
全球	100	100	100	100	100	100	100
发达国家	72.1	71.1	65.0	62.1	59.3	55.4	53.9
美国	23.8	25.2	23.1	22.5	21.8	20.6	20.1
日本	9.1	7.7	6.4	6.0	5.3	4.4	4.0
欧元区	23.1	21.7	19.0	17.4	15.9	14.2	13.5
欧盟	30.8	28.9	25.8	24.0	22.2	19.9	19.0
德国	6.7	6.2	5.2	5.0	4.6	4.1	3.9
法国	4.8	4.5	3.9	3.7	3.3	2.9	2.8
意大利	4.5	4.0	3.2	2.8	2.5	2.2	2.1
英国	4.5	4.3	4.0	3.8	3.6	3.4	3.3
发展中国家和经济转型国家	27.9	28.9	35.0	37.9	407	44.6	46.1
中国	2.5	5.2	10.9	13.4	16.2	18.9	19.6
印度	1.1	1.4	2.3	2.7	3.2	4.2	4.5
巴西	2.9	2.8	3.1	3.0	2.9	2.9	2.9
俄罗斯联邦	3.8	2.0	2.4	2.4	2.3	2.3	2.4

附表 4.8　人均 GDP（按 2014 年购买力平价计算，千美元）

国家/地区	1990	2000	2010	2014	2020	2030	2035
全球	9.3	10.8	13.8	15.0	17.9	24.3	28.4
发达国家	29.9	36.9	41.5	53.3	48.6	61.1	68.2
美国	39.0	48.4	51.9	54.4	61.7	77.1	86.3
日本	31.1	33.9	36.4	37.5	40.3	46.4	49.7
欧元区	30.4	36.9	39.8	40.0	43.2	52.0	57.0
欧盟	26.6	32.3	36.4	37.2	40.6	49.2	544
德国	33.5	39.2	43.1	46.3	50.9	62.5	68.8
法国	31.0	36.6	38.6	39.1	41.6	49.9	54.8
意大利	32.6	38.0	37.6	34.8	36.4	43.2	46.9
英国	27.9	34.3	38.2	39.8	44.2	55.3	62.3
发展中国家和经济转型国家	4.5	5.4	8.5	9.8	12.4	18.0	21.7
中国	1.6	3.9	9.9	13.3	19.1	30.7	37.4
印度	1.9	2.7	4.8	5.8	8.0	13.3	16.6
巴西	109	12.1	15.4	15.9	18.1	23.7	27.5
俄罗斯联邦	20.4	13.9	22.9	24.9	28.4	39.8	48.1

附表 4.9　人均 GDP（按兑美元 2014 年平均汇率计算，千美元）

国家/地区	1990	2000	2010	2014	2020	2030	2035
全球	7.8	8.9	10.1	10.6	12.3	16.1	18.4
发达国家	29.9	36.7	40.9	42.6	48.2	61.1	68.7
美国	39.0	48.4	51.9	54.4	61.7	77.1	86.3
日本	30.0	32.7	35.1	36.2	39.0	44.7	48.0
欧元区	30.7	37.0	39.6	39.9	43.3	52.6	57.9
欧盟	26.4	32.1	35.7	36.4	40.0	49.0	54.4
德国	34.7	40.6	44.5	47.9	52.4	64.6	71.2
法国	33.9	40.0	42.3	42.8	45.6	54.4	59.9
意大利	32.8	38.2	37.8	35.0	36.7	43.3	47.2

续表

国家/地区	1990	2000	2010	2014	2020	2030	2035
英国	32.0	39.4	43.9	45.7	50.7	63.4	71.4
发展中国家和经济转型国家	2.7	3.1	4.2	4.8	5.9	8.4	9.9
中国	0.9	2.2	5.7	7.6	10.9	17.6	21.4
印度	0.5	0.7	1.3	1.6	2.2	3.7	4.6
巴西	7.8	8.6	11.0	11.4	13.0	17.0	19.7
俄罗斯联邦	10.6	7.2	11.9	12.9	14.8	20.7	25.0

附表4.10 人均GDP指数

（按2014年购买力平价计算，美国=100）

国家/地区	1990	2000	2010	2014	2020	2030	2035
全球	23.8	22.3	26.6	27.5	28.9	31.5	33.0
发达国家	76.8	76.3	79.9	79.5	78.8	79.3	79.1
美国	100.0	100.0	100.0	100.0	100.0	100.0	100.0
日本	79.7	70.0	70.1	68.9	65.3	60.2	57.6
欧元区	77.9	76.3	76.5	73.6	70.0	67.4	66.1
欧盟	68.2	66.7	70.0	68.4	65.8	63.8	63.0
德国	86.0	81.1	82.9	85.2	82.4	81.1	79.8
法国	79.5	75.6	74.4	71.9	67.5	64.7	63.5
意大利	83.5	78.5	72.4	64.0	59.0	56.0	54.3
英国	71.4	70.9	73.6	73.2	71.6	71.7	72.2
发展中国家和经济转型国家	11.6	11.1	16.4	18.1	20.0	23.4	25.2
中国	4.1	8.0	19.1	24.4	31.0	39.8	43.3
印度	4.8	5.5	9.2	10.7	13.0	17.3	19.2
巴西	28.0	24.9	29.7	29.2	29.3	30.7	31.8
俄罗斯联邦	52.3	28.6	44.0	45.7	46.1	51.6	55.8

附表 4.11　人均 GDP 指数

（按 2014 年兑美元平均汇率计算，美国 = 100）

国家/地区	1990	2000	2010	2014	2020	2030	2035
全球	19.9	18.3	19.5	19.6	20.0	20.8	21.4
发达国家	76.6	75.8	78.8	78.3	78.2	79.3	79.7
美国	100.0	100.0	100.0	100.0	100.0	100.0	100.0
日本	77.0	67.6	67.6	66.5	63.2	58.0	55.7
欧元区	78.7	76.5	76.3	73.4	70.2	68.2	67.1
欧盟	67.6	66.3	68.6	67.0	64.9	63.5	63.0
德国	88.9	83.9	85.7	88.0	85.0	83.8	82.5
法国	86.9	82.7	81.4	78.7	73.9	70.6	69.4
意大利	84.0	78.9	72.9	64.4	59.5	56.2	54.7
英国	82.0	81.4	84.5	84.1	82.3	82.3	82.8
发展中国家和经济转型国家	6.8	6.4	8.1	8.8	9.6	40.9	11.5
中国	2.3	4.6	10.9	14.0	17.7	22.8	24.8
印度	1.3	1.5	2.5	3.0	3.6	4.8	5.3
巴西	20.1	17.9	21.3	20.9	21.0	22.0	22.8
俄罗斯联邦	27.2	14.9	22.9	23.8	24.0	26.9	29.0

第五章　社会失衡的世界

一、贫穷和社会不平等问题——未来发展的主要挑战

即使过去几十年我们在社会领域中取得了很大进步，如减少贫困、提高居民寿命和生活质量、使地球上更多居民接受教育和社会保障，但贫困和不平等问题仍是世界所面临的尖锐问题。

地球上几乎每三个人中就有一人经受着不同程度贫困的困扰。这其中很大一部分（达到80%）处于社会保障体系之外，8.42亿人（12%）经常忍受饥饿。

短期来看，根本性的改变可能不会发生。发展中国家人文领域的情况很大程度上由发达国家经济状况的可持续性来决定，因为最贫穷国家的成功很大程度上取决于富裕国家和国际组织的援助。在经济状况恶化、国际关系复杂化的情况下，这种援助不可避免地将会缩减。

今天人类所面临的大部分社会问题都与社会劳动领域有关。

此外，社会发展特定水平的成果将提高进一步发展的“代价”。这便需要增加社会领域的支出，这种成本不仅在发达国家，在许多发展中国家也非常高昂。

由于在全球经济中缺乏足够的工作岗位，当代社会最尖锐的问题之一就是非自愿性失业的增长，该问题已在全球范围内引起冲突。

高新技术的迅猛发展和劳动效率的提高，伴随着工作时间和工作岗位数量的缩减。对劳动力需求的缩减是后工业经济的全球趋势，

并将导致整个社会格局的重塑。它在不同国家和地区的表现形式不尽相同，在发达国家，这一过程不仅不会解决失业问题，并将和人口问题一起加大实现福利政策的难度，阻碍驱动经济的需求增长。即便由发展中国家日益扩大的中产阶级填补这一日渐萎缩的需求，也只会发生在预测期后半叶。

非自愿性失业的状况在整个预测期内仍将十分紧张，在此背景下，传统的区域不平衡将持续。最紧张的劳动力市场将出现在欧洲（尤其是欧元区）、近东、南非和北非。相形之下，亚洲地区的形势将更加良好。

因此，在不同的地区、国家、行业，就业领域减少损耗、获得收益的机会有所不同，且取决于诸多因素，包括宏观经济形势、世界社会政治背景、跨国公司的战略以及不同国家的社会政策。

技术的发展和劳动力需求的下降将会增大人口分化的危险。

处于弱势地位的是年轻人。为适应后工业化时代的新现实，社会劳动关系的调节机制在就业领域形成了一种“新常态”——年轻人所签的劳动合同多半是以兼职、外包和员工租赁为条件的临时性合同。目前，世界上几乎一半的就业人口（逾15亿）在非正式或无保障的工作中挣扎，而在年轻人群体中，这一情况尤甚。相当一部分年轻人处在教育体系和劳动力领域之外，换言之，在社会化系统之外。

如果国际组织和政府无法采取史无前例的措施来改善社会劳动力领域的情况，那么就业率的增长将在很大程度上依靠那些不稳定的、不受保护的、低收入的就业群体。这将带来一些现象的扩散，如在职贫穷，在发达国家尤甚。

即使是在最为发达的国家，其国际或国家制度在解决社会问题时也捉襟见肘。教育和卫生拨款的复杂性将使社会劳动领域的不平等状况更加严重。目前显而易见的是，在20世纪末和21世纪初能够消灭后工业化转型负面影响的制度惯性，如今也只能在较小程度上缓解局势。

制度、基础设施及手段的欠缺将进一步增大富国和穷国之间以及国家内部贫富群体之间的差距。因此，这种不平等的加剧已非发达

国家与发展中国家之间的不平等，而是新形势下更具竞争力的国家与“时运欠佳”国家之间的不平等。

在需求下降和成本缩减的情况下，由于国际竞争的加剧，这一趋势将在未来几十年持续下去。

对于发达国家而言，长远来看，其主要的社会挑战将仍是人口老龄化，这与长期低生育率和平均寿命的逐渐提高（尽管与过去几十年相比已经放缓）相关。在欧盟国家，20—64岁的人口将出现极低的增长率，而从2020年开始，这一数字将减少。

人口结构的改变势必造成对财政资源的需求增高，向中老年人提供社会保障，将给养老金系统带来额外压力。除此之外，人口老龄化将伴随慢性病发病率（例如那些成年疾病，糖尿病、帕金森病、阿尔兹海默病）和残疾问题的升高，这将成为各项卫生保健支出（门诊和住院、医疗器械和药品生产、看护服务）的重要因素。

欧盟国家早于其他国家开始养老金改革，其一系列传统措施将解决养老金支出问题，如提高退休年龄，减少提前退休的可能性，将养老金与工作时期的收入水平挂钩。受惠于此，在未来20年里，欧盟养老金支出占GDP的比重将保持当前水平。

社会性支出过分增长之威胁的主要应对方式将是：针对待业人口和劳动力市场中一贯的弱势群体，由欧盟国家政府和次国家权力机关制定一系列以刺激就业为导向的措施。欧盟劳动力紧缺的客观情况将对这一过程起到促进作用。到21世纪20年代中期，欧盟平均失业率将下降至2007年的最小值（7%）。在21世纪头十年末的经济危机中，尤其明显的是欧盟劳动力市场中的国家间对比，一端是北欧国家几近百分之百的就业率，另一端则是南欧国家高企的失业率。但这一现象将会缓解。

刺激就业的实现将主要依靠劳动法规的自由化，即鼓励雇佣退休人员、残疾人和带小孩的妇女，以及应用兼职和暂时就业方案。但在某些国家，也不能排除使用一些更加强硬的措施，如冻结或缩减失业人员补助金，鼓励按劳分配（即所谓从福利国家向工作福利国家转型）等。在次国家层面，继续建立统一劳动力市场。在其他欧盟国家生活、工作或求职的公民目前只有830万人，但这一数字将大幅上升。

尽管福利国家，尤其是欧盟国家，整体将保持其制度持续性，但有关其改革必要性的争论将变得更加激烈。与此相关，人们将开始尝试在概念层面重新认识福利国家，直至它被其他意识形态概念所取代。国家的主要目标不应该是重新分配物质福利以取得社会平等，而应为加速经济发展奠定社会基础。这种思想将被植入社会认知当中。与此相应，社会政策的重点将从平衡收入转向投资人力资源并提高其有效性等措施。

向福利国家新范式的逐渐转型将使领导国家的政府对社会支出结构改革进行必要性论证，例如对养老金支出的限制（在为有孩子家庭提供的经济支持和终生教育经费同时扩大的情况下）。同时，该社会政策的应用会助长抗议运动，并巩固左翼民粹政党的地位，尤其在社会分层较为严重的国家。除此之外，从欧盟认同构建角度看，赋予福利国家新内涵与欧盟社会模式的匹配度较差，因为欧洲社会模式为人称道的一点是，基本社会权利不应该专为经济增长服务。

福利国家模式的转型过程并不是线性的。在预测期的某些阶段，社会领域的改革将以不同的形式呈现，各国政府所使用的手段也存在差异，其优先侧重领域也不尽相同。

在欧盟，尽管存在有关建立社会联盟（类似能源与创新联盟）必要性的讨论，但社会政策整体上仍将停留在国家政府的特权上。同时，布鲁塞尔在该领域的角色将会显现出来。以协调劳动法为导向，以及在次国家层面推行最低社会保障标准为导向的新措施，将被添加进地区政策的传统工具箱中。

二、社会新现实和福利国家的前景

就业领域的负面趋势在一定程度上影响着福利政策。

迄今为止，福利政策通过强制保险体系，支撑起工业化时代就业率的粗放型增长。在绝大多数国家中，退休金、医疗服务、社会保障等方面的资金都来源于雇员或者雇主（或者二者一同）的纳税，并且不单取决于纳税金额还取决于纳税人数。在就业率不稳定的情况下，金额和人数都可能下降。

然而，从预算中为福利政策拨款的国家，保持从前拨款量的可能性也将下降，即使是最发达的福利国家，也不得不实行严格的结构改革和社会领域私有化。从接受社会福利与服务的方面看，这将导致人口分层和从前的平等主义社会的分裂。

福利国家是在收入分配、社会福利分配方面遵循平等主义原则的国家，在发达国家中，这种福利国家将继续“消失”。

现代劳动力市场的进一步分裂将导致发达国家中产阶级人数大幅度缩减，并最终形成新的福利结构。目前，已经不只有权威专家这样预测，在全球化世界不同区域中的政治家也持此种观点。

在过去几十年间，“拥挤的”亚洲和拉美发展中国家的福利政策曾展现出巨大成功，不平等水平在较大范围内有所下降。但在今天，这些国家的处境并不好。随着社会保障系统在人口类别中的扩大，以及发展中国家的人口老龄化趋势，如果这些国家无法保持经济可持续增长，则由资源限制所引起的社会问题和社会政治问题将进一步恶化。

因此，未来20年将是新的社会现实形成的时期，其显著特点是社会空间的进一步分裂和社会不平等的增长。

在经济形势进一步恶化的情况下，发达国家和发展中国家所面临的是多方面社会基础设施的重新建立，如保障社会政策的普遍特征，避免受援方的“福利歧视”和服务质量的分裂。因此，受制于资源有限，试图复制发达国家的经验（对于部分发展中国家的管理精英而言是非常典型的做法）不一定会带来正面成果。

在资源减少的情况下，推行福利政策和履行社会义务的必要性使公平分配问题具有现实意义。由于在个体层面和整个全球共同体层面缺乏统一的对社会平等的认识，分配不平等问题正在加剧。

在生产国际化的条件下，作为一种追求全球性的价值观，世界市场的优势观念应运而生。在世界市场中，资本的流动与积累畅通无阻，反应出在这一过程中起重要作用的跨国公司利益。由于这些新型价值观的快速普及，世界被划分为制定和分享这些价值的中心，以及注定处于明显从属和不平等地位的边缘。

在这些条件下出现了一些不愿进入主流价值观体系的国家，并宣示自己带给世界别种发展方向的决心。这要求我们去探索包含边缘地区在内的解决全球问题的途径。也许，如果中心与边缘之间能够务实对话，且能够顾及它们因民族文化差异而对平等的不同认识，那么周全的解决方案将能够达成。抑或，相较其他国际关系领域，在就业、社会和其他人文领域，世界共同体将更加容易达成一致立场。在此情况下，全球社会发展管理体系将更加紧密团结，向联合国“世界共同体可持续发展”的渐进式过渡将变成现实。

如果世界共同体无法找到协调一致的方法来实现可持续发展（在当前条件下着实是一个得来不易的目标），那等待我们的则是社会政策的区域化和复古化，制度质量的衰退和大量人口的社会边缘化。社会政策复古化（全球社会发展管理系统向相反方向发展的过程）将体现在社会空间碎片化和社会结构的动荡之中。

在经济以及国家政治局势恶化的情况下，公民社会的各种机构和其他不同地区的社会政策主体将根据地方特性和机遇解决社会问题。这已在今天形成了各色的社会实践，但它们在很大程度上是治标之策，且极易受外界影响。

三、教育和医疗服务领域的变革

统一的世界教育空间将在近几十年中开始形成。

（一）教育系统

获得新的知识、信息、本领、技能，以及它们的不断更新与发展，将成为对后工业经济中工作者的基本要求。保障一个人终其一生持续性地更新知识，这是教育系统未来的构建方式。

无间断教育体系将成为下一代生活方式的固有特征。

现今，所有教育层次都在一定程度上加入到教育国际化进程之中。然而最密集的一体化进程出现在高中，造就了一个新阶段的开始——统一的全球教育空间的形成。

现代教育模式将愈加具有全球性的特点。由于现存的国家教育模式发展水平与现代社会需求之间明显不符，教育方法规范化领域的重大变革成为必由之路。其主要思想反应在联合国教科文组织文件——“博洛尼亚进程”和“哥本哈根进程”之中。根据教育系统中的开放性特征，世界不同地区可以被划分为几种类型（图5.1）。

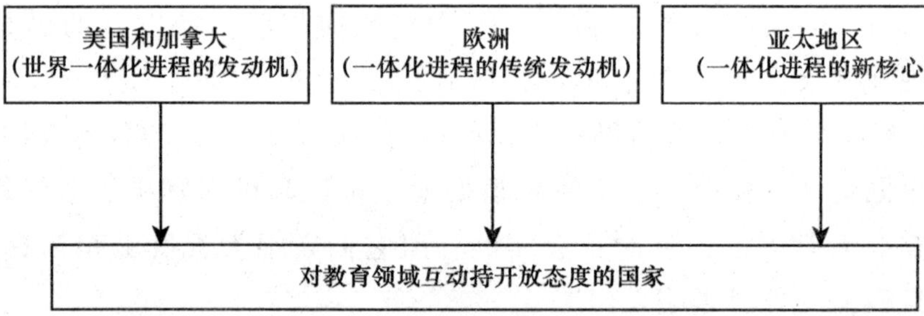

图5.1 开放式教育系统分组

在20世纪，美国教育体系牢牢占据世界领先位置，这要归功于美国教育体系以市场需求为导向，且与商业精英的紧密联系。然而，教育成为经济系统和就业结构的附庸，将变成教育主要功能——民族传统与文化的再生产——退化的原因。教育过程如果丧失了保证个人发展自由的必要机制，那么最终将遗失其人文主义的本质。

为工业社会培养劳动者的大量需求正在消失并被其他要求所取代，在此背景下，国家教育系统的进一步发展将由新的因素所决定。未来所需的教育理念必须是个性化的，必须能提升一个人的自我实现能力和对快速变化之外界的适应能力。

在这方面最具竞争力的仍然是北欧、美国和澳大利亚的教育体系。大部分外国留学生选择赴这些地区求学。

然而，几乎在所有大陆和国家已经实现的学术迁移过程却有着矛盾的结果。负面因素包括来自发展中国家并已经在发达国家接受更高水平教育的年轻人不想返回祖国，为了得到高薪工作他们寻求一切在国外立足的机会。这样一来，发展中国家的高素质人才进一步流失，这显然不利于发展中国家自身的未来发展。

要在近几十年里克服世界上大部分人口教育落后的问题是不可能的，这将对全球层面上的社会稳定和发展构成严重威胁。

在大多数非洲国家、大部分南亚和东南亚国家，以及一些大西洋和太平洋小国，现行教育系统处于落后状态，与世界的一体化进程也尚未就绪。

目前，发达国家和最贫穷国家之间的技术差距将因信息鸿沟而愈加扩大。生存在世界两极的人们，他们之间的关系将因敌意爆发而变得紧张，敌意来自那些未受良好教育，无法提高自身地位，被迫在较高社会标准国家工作的人们。

类似矛盾将会加剧，并将导致世界许多地方人道主义形势的实际恶化。

要克服这一负面趋势，一种可能的方法是，在教育领域系统化和集约化地使用现代信息技术和计算机技术。即一种在不远的将来，幡然改变世界图景的新型社会形势。目前，随着互联网的爆炸式普及，形式各异的虚拟教育正在积蓄力量。电子教育技术的优势，如高度交互、电子图书馆、远程教育、可以被许多人使用等，将保证统一教育环境形成过程的普及性。专业人员估计，目前已经存在逾

80 个支持远程教育的收费和免费的软件环境。①

受惠于现代科技所创造的机遇，未来愈加光明，尤其对于那些富有才能但从前没有机会在名校接受高质量教育的年轻人而言。一些全球性在线教育平台（Coursera，EdX，Udacity），实时在线研讨会、课程和答疑课，世界顶尖大学老师制作的课程录像和免费课程网站，这些资源在当下的繁荣印证了很多年轻人正在通过远程教育系统努力提升自己的文化水平。

（二）卫生系统

近几十年来，人们在物质保障和完善卫生管理方面做出了很大努力。同时，最新的科技成就也为延长居民寿命、提高居民生活质量提供了机遇。

同时具有积极和消极社会影响的完整健康产业已经形成。

既在发达国家，又在发展中国家，稳定的人均寿命增长趋势是近些年发展的显著成果之一，该数字与 1990 年的数据相比有巨大飞跃。这在很大程度上与儿童死亡率的降低有关。

寿命延长的趋势将在当下持续并长久延续。

然而，在民族健康领域通过多年努力所取得的巨大成功，可能会因经济的不稳定、糟糕的社会管理和各种类型的冲突而丧失殆尽。

贫富国家的根本差距将会继续——2012 年，高收入国家出生的孩子的寿命预计会比在低收入国家出生的孩子的寿命至少长 15 年。

在此背景下，我们需要将一系列影响人们生活的风险因素纳入考量，其中包括：

（1）高血压（这是世界 13% 人口死亡的诱因）；

（2）吸烟（9%）；

（3）高血糖（6%）；

① *Белоус В. В.*，*Смирнова Е. В.* Электронное обучение. Платформы и системы // http：//engbul. bmstu. ru/file/out/657441.

（4）体力运动不足（6%）；

（5）超重与肥胖（5%）。

上述因素将增大罹患心血管病、癌症和糖尿病的风险。

因此，对世界人口健康状况的预测取决于对未来社会经济发展的评估。随着世界的发展，主要疾病类型将从传染性疾病向非传染性疾病转变。健康的主要风险从传统风险（营养不良、水污染、卫生条件恶劣）向所谓现代性风险转移，目前发达国家正经历这种现代风险（超重、肥胖和吸烟过度）。

医学转型的利益，公共卫生系统的财政危机，二者之间的不平衡日益扩大，一些问题随之产生。

现代医学极大地推动了科学、新治疗技术和诊断方法的进步，并吸引了越来越多的医生、学者和管理人员的关注。越来越多的中低收入水平国家的专家学者参与到国际科学合作之中，尽管占主导地位的仍是发达国家，因为它们并未减少向医学发展的投资额。

在中国和其他东亚国家，我们能够看到资金量上升的趋势。为了更有效地使用资金，各种形式的科学研究伙伴关系应运而生，这有助于新一代医疗设备和服务的产生和获取，尤其以“精准化”或“个性化”医学为导向的设备和服务。有赖于人类基因组的破译，未来的技术突破已成为可能，医学的发展与此有着千丝万缕的联系。

然而，因为提高投资的必要性，并考虑到行业发展所有参与者的商业利益（投资人、保险公司、制药公司、医疗技术生产者），我们可以预测，医疗服务的费用将进一步增长。

相反，公共卫生部门则需要努力减少支出，因为它们要务必保障各阶层居民都能获得医疗服务。短期而言，这是一个无法克服的矛盾。

最近几十年间的统计数据表明，医疗卫生费用在几乎所有国家都在稳定增长。目前，因国家经济发展水平不同，这一费用占 GDP 的比例从5%到10%不等。[①] 在经济发达国家中，美国的这一数字最高——17.2%。但由于医疗服务费用较高（8895美元/每人），该系统是绝不能被称作有效的。从投入卫生系统的资金使用效率看，排名前十位的是新加坡、中国香港、韩国、阿联酋等成功避免服务费用飙升的国家和地区（表5.1）。[②]

当今世界各国卫生机构的模式形形色色，且具有民族特色。而由于以遏制医疗服务支出为导向的结构改革，现行卫生系统中包含国营和私营部门。

在国家预算担保存在风险的情况下，寻找稳定的医疗系统形成途径将是一项长期工作。相应地，在私人医疗逐渐发挥作用的条件下，需要建立相关法律法规以有效保护患者的权利。为解决这些问题，像医疗标准化、医疗许可和医疗服务质量检查等机构将发挥至关重要的作用。此外，国家卫生系统一体化与新生市场参与者之间的矛盾将日益扩大，这将加强国际组织的协商作用。

表5.1 卫生系统效率国家和地区排名

排名 2015	国家/地区	平均寿命（年）	医疗支出占GDP比重（%）	每人每年医疗服务支出（美元）
1	中国香港	83.83	5.2	1856
2	新加坡	82.35	4.55	2507
3	以色列	82.06	7.24	2599
4	西班牙	82.43	8.88	2581
5	韩国	81.46	7.17	1880
6	意大利	82.29	9.09	3155
7	日本	83.33	10.30	3966
8	澳大利亚	82.20	9.44	6110

① Total expenditure on health — Health: Key Tables ... — OECD iLibrary, www.oecdilibrary.org/social issues migration health/total expenditure on health_20758480 table1.

② 彭博社的该项研究涵盖人口超过500万、人均年GDP超过5000美元、平均寿命达到70岁以上的国营和地区。

续表

排名 2015	国家/地区	平均寿命（年）	医疗支出占 GDP 比重（%）	每人每年医疗服务支出（美元）
9	阿联酋	77.13	3.20	1350
10	泰国	79.90	6.62	1350

资料来源：Absolute | 2015 Most Efficient Health Care (Table), https://data.bloomberg-help/com/brief/sites/2/2015/11/health care. pdf

四、移民与民族文化变迁

西方国家的大规模人口迁移将引发民族文化的重大转型。

西方国家的移民流入仍将主要由发展中国家的移民构成，近 20 年来，其占外来人口增长的比重为 80%。

不同文化背景的非西方移民的持续流入及其较高的生育潜力，将增大接收地文化环境的碎片化和两极化风险。发达国家进入人口转型第三阶段则预示着移民在人口发展中角色的增强，快速增加的外族文化群体逐渐替代老龄人并填补本土年轻人的缩减。西方社会的民族认同处在消弥的边缘。

与此同时，由于各国家和地区外族人口数量与质量的不同，以及本地人对待移民态度的差异，民族文化转型的激烈程度不甚相同。日本由于其有限的移民规模，少数族裔仍将是少数。在加拿大和澳大利亚，受惠于其积极的融合政策，加之最大族群（中国和印度）的社会文化兼容性，不同群体能够相对和平地共存，但仍有大量移民存在丧失宽容度的危险。

西欧国家和美国将面临最严峻的民族文化挑战。在西欧，自殖民帝国崩溃以来，来自东方伊斯兰地区的移民不断涌入，使西欧在历史上首次形成了民族多元但宗教信仰（伊斯兰教）统一的少数民族。在西欧基督教信仰衰弱的背景下，伊斯兰教成为信徒数量第二多的宗教，并且积累了越来越大的影响力，这将给地区创造一个全新的社会和政治形势。

在美国，大部分外国族裔人口是拉丁美洲人，其中主要是墨西哥人，这形成了大量根植于拉丁美洲文化、讲西班牙语的西班牙裔或拉美裔社群。

1970 年，美国有 900 万（5%）讲西班牙语的少数民族人口，而 2013 年，该数字达到 5400 万（17%）。到 2035 年，这一数字将达到 8500 万（23%）（图 5.2）。在这种情况下，到 2044 年，总体人口将跨越“种族的十字路口”，组成美国政治精英基础的盎格鲁撒克逊白人将不再是大多数，即使仍是最大的精英群体。

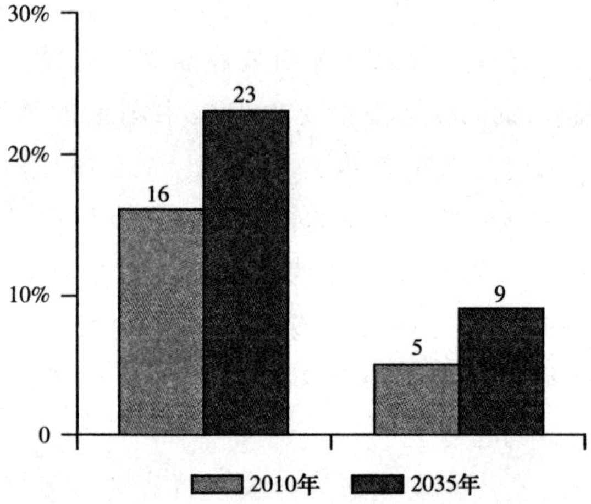

图 5.2　西方国家人口中数量最多的少数民族占比

与此同时，美国的净移民数将被压缩，其中包括来自墨西哥的移民，生活在美国的外国文化群体的生育率也会下降，这将使我们有理由相信，在今后 10 年之中，拉丁裔的数量增长将会放缓。但在欧洲，由非洲、近东、中东移民潮所引起的最严峻的移民危机，将反映在随后其向欧盟国家的迁移之中。这与联合国的预测（欧洲移民流将在最近 10 年剧烈收缩）和皮尤研究中心的预测（穆斯林社群的发展步伐将显著放缓）相左。

即便如此，这些群体的数量将很可能自然增长，而并非由于移民。这将引起其人口结构中第一代移民比重的缩减，这些第一代移民的融合度最低。在欧洲，大约一半的穆斯林是第一代移民，而在美国，逾三分之一的西班牙裔是第一代移民。同时，展现出相当高融合指标的第二代及以后移民的比例将会上升。

整体而言，西方国家的社会转型指日可待，在非西方认同愈加强大的影响下，社会面貌将发生根本变革，外国族裔少数民族将在这一新的社会环境中扮演极其关键的角色。

人们同时生活在不同的文化维度中。在这一跨文化空间之中形成的全球化，不仅将带来后辈人之间的同化作用，还将在新型融合模式（建立在原生认同之上的）形成时，导致认同的“回炉再造”过程。

如果注意到当下既无法用多元文化，也无法用同化作用解决的社会文化断面，那么美国构建文化团结的多民族社会、欧洲创造以世界性原则为基础的新文明，是再乌托邦不过之事。在美国严格种族隔离实践在官方层面的别样复兴和种族间紧张关系的急剧恶化；在欧洲人们脱离传统自由主义，转而针对穆斯林爆发有组织的敌意，直至大规模驱逐，这些都是对西方社会历史趋势的偏离，因为西方社会理应支持在全球经济危机和对抗伊斯兰恐怖主义条件下对民主的艰难探索。国际协作发展的一种大概率情景，或是去一体化趋势的非批判形式，或是相互间部分同化作用的发展。

去一体化风险将会提升。如果经济转型，以及新技术、低劳动密集型和无人生产的发展将增加劳动力市场的竞争，并加剧外族居民的传统就业问题，那么去一体化的风险将会增加。

对工人技能水平的生产需求正在增长，如知识、技术、能力，其中包括以语言知识和文化习惯为基础的“软”技能。在此背景下，这些群体许多成员的低教育水平将关闭其获得大量工作岗位的通道。尽管在官方层面将进行与种族歧视的斗争，但孕含潜在歧视的偏见不仅不会被根除，反而还会放大。外族居民会转变成二等公民，并给他们的融合建立额外的壁垒。

种族和信仰两方面权利都受到侵犯的穆斯林，仍将是最大的受歧视群体。当前，在业年龄的拉丁裔和穆斯林数量有所增长，他们集中在具有边缘性且正在缩减的就业领域，工作在低技能、低收入、职业进升机会有限的岗位上。鉴于此，这些群体将遭遇大规模的失业，并可能生活在水深火热之中。

社会不平等的规模将会扩大，贫困的种族化将会增强。

出生在少数族裔贫穷家庭里的孩子比例将会增加。贫困地区外来文化人口的集中将会加剧，基本上在种族飞地之中，1/3 到 1/2 的欧洲穆斯林生活在那里。在这些孤立绝望之地，越来越多的居民，以及他们的后代们，将注定被社会、经济和政治排斥在外。

文化和信仰自我认同的保留将成为少数民族同化作用的主要障碍，因为这种自我认同将他们剥离于周遭社会环境。类似自我认同的保存将促进来自母国的持续性移民，并扩大他们与生活在那里的同胞的沟通机会。

同时在欧洲和美国社会中，右翼激进派力量的弱化将为同化作用带来困难。强制同化外来少数民族，限制其文化信仰权利，这些措施可能会被尝试。

尽管存在少数民族的完全同化——失去自己的独特性并完全被土著民族吸收，但现实情景却是较大民族群体的部分同化——某些认同组成部分逐渐弱化（如语言），但仍保有一些本质特点（尤其是信仰、生活习惯）。在没有社会大动荡的情况下，该过程将会增强。在移民影响下，日益扩大的民族文化多元性将促进这一进程，并使社会有能力遏制民族文化的极化现象，减少矛盾群体之间的紧张情绪，防止这种情绪转化成认同冲突和社群斗争。

在欧洲政治中，指日可待的是跨文化主义观念的确立，它是多元民族主义和同化作用的折衷方案。

对于那些能够接受主流民族价值观和传统的少数民族而言，若要促进其公民和社会经济融合，在理想情况下，也要保护其作为认同重要组成部分的民族性和信仰归属，尤其是那些不妨碍与主流社会构建文化认同的民族性与信仰。

外来文化群体的代表将更加广泛地参与融合倡议的制定与实施过程，这将提高该过程的成效。不排除这样一些措施，例如给予移民群体文化自治权，将伊斯兰教法典纳入西方国家法律体系，即体现出一种包含刑法、民法和其他与不同人口群体相关的法律多样性。

五、作为经济和社会政治变革主体的城市

2007 年，世界城市人口首次超过农村人口。而未来，城市人口将持续增长。据联合国专家估计，到 21 世纪中叶，城市人口数量将增加 25 亿从而达到 64 亿。这一增长的主要份额（90%）来自亚洲和非洲国家，其中 37% 来自中国、印度和尼日利亚。到 2050 年，发达国家的城市人口比重将达到 86%，而发展中国家则达到 67%。尽管城市人口快速增加，但非洲和亚洲仍将是全世界城市化最落后的地区。

今后 10 年里，由于人口数量不同，城市增长的动态也将各有差异。

（1）到 21 世纪 30 年代，正如今天，几乎一半的城市人口将集中在人口不超过 50 万的聚居地。而到预测期结束，城市人口中的这一比重将为 45% 上下。

（2）中等规模城市（人口从 100 万到 500 万）的人口数量在这一时间段内将扩大一倍，其在所有城市人口中的比重将达到 10% 左右。增长最快的将是人口达到 100 万的城市聚居地。

（3）在全世界城市人口中，大型城市（人口从 500 万到 1000 万）中的居民虽然占据不大的比重，但仍会逐渐增长。到 2030 年，大型城市的人口将达到世界城市人口的 9%。

（4）在特大型城市里（人口超过 1000 万），在 2015 年前后生活着 12% 的城市人口。到 2030 年，这些城市的数量可能增长 4 倍——从 1990 年的 10 个增加到 2030 年的 41 个。东京将保持领先地位，

据联合国估计，东京的人口在15年之后可能达到3700万人。紧随其后的将是德里（3600万人）。大部分人口500万以上的大型城市群坐落在发展中国家，尤其是亚洲国家（中国和印度）。这一趋势将在未来保持。世界城市化重心将逐渐转移至发展中国家，尤其是南亚。

各种形式的城市群将得到进一步发展，既有如下萨克林（包含4个城市，包括快速发展的布伦瑞克和沃尔夫斯堡）这样的较小城市群，还有巨大的包含不同类型聚居地（包括沿交通干线绵延几百公里联接大型城市的所谓城市走廊）的城市群。这些特大型城市群所生成的协同效应将促进从城市到次国家层面上的经济加速增长。目前，40个最大城市在全球经济当中的比重为66%，科技领域创新达到85%。

所有上述城市类型都是由一系列数量参数所确定的。但世界型和全球型城市则可以被归入高端类型。在该情况下的全球性将反映出相应城市在世界经济联系中的包容性，城市间的紧密协作，以及其在全球层面经济、金融、商业、政治、文化发展中的关键作用。

人口向大城市集中，但由于有限的地域，一系列严重问题将与经济利益相伴而生，而找到这些问题的解决对策并非易事。包括以下问题。

（1）生态。60%—80%的能源消耗发生在城市，城市排放了70%的温室气体。温室效应将提升气候变暖的威胁，尤其将引起海平面的变化。海平面上升1米将导致许多近海城市被淹没，如里约热内卢、纽约、孟买、达卡、东京、拉各斯和开罗。这些风险在那些必要基础设施不足的城市尤甚。

（2）垃圾清扫、运输和利用。显而易见，这些问题将随着城市增加而变得愈加复杂。

（3）交通及与之相关的空气污染、噪声、高车祸死亡率。随着城市增加，私人交通工具而非公共交通工具的使用，将在很大程度上带来上述问题的恶化。

（4）卫生。这首先与贫穷国家的城市有关，在这些城市中有限的清洁饮用水、恶劣的生态环境和卫生状况，低质量的医疗服务，以及高密度的人口，将导致传染性疾病的快速传播。但在全球化的世界中，流行病能够快速获得传染能力而传播到发达国家。

（5）贫民窟。2005 年，30% 的世界城市居民（10 亿人）生活在贫民窟。在撒哈拉以南的非洲和南亚的城市中，贫民窟居民的比例超过 70%。如果当下的城市人口增速和收入分配特点保持下去，那么到 21 世纪 20 年代中期，贫民窟人口的数量将达到 20 亿人。地域隔离将不仅是发展中国家城市群的特点，它将出现在发达国家，例如在美国某些大都市的隔离区。最近几年，这一问题将很大程度上成为许多欧洲城市的头等大事之一。

（6）犯罪。在发展中国家，60%—70% 的城市居民将成为某种犯罪的受害者。这一问题也在一定程度上存在于发达国家的城市。

（7）恐怖主义。由于城市之中错综复杂且足够脆弱的生活空间，城市将比以往更加吸引恐怖分子。除此之外，发生在城市的恐怖活动将经常导致大量伤亡，因而引起剧烈的社会动荡。

经合组织专家认为，在世界和国家层面，毋庸置疑的经济领导者角色属于人口超过 150 万人的城市。按照惯例，这些城市的劳动生产率、经济增长率、人均收入都高于平均水平。它们支配着商品贸易和服务，是国家的物流中心，大量人员和物质价值转移发生在这些城市之中。

创新型经济是城市成功发展和较高竞争力的基础，它能够转化为城市的系统构建要素。城市经济空间最重要的特点是高水平的人员、社会和智力资本集中。这三个重要的资本类型是创新经济的基础。

社会经济发展的高指标不仅能够出现在足够大型的城市，还能出现在一些较小规模但拥有某类资源（自然资源、高科技资源）的城市。例如，德国城市布伦瑞克和沃尔夫斯堡就属于后一种类型，它们是欧盟领先科技中心之一。在城市群区域之中，还有 2 座城市和活跃在科技密集型领域的 3 所大学、27 个研究中心和 250 家公司，以及大众汽车总部。

因此，现代城市碰到的许多难题，其实就是以知识为本的全球化和经济发展问题。

包括以下问题。

（1）不稳定的不平等。不平等指标最高的是拉丁美洲国家，最低的是东欧和中亚。在富裕国家之中，这一指标的“领头羊”是美国。快速发展中国家的不平等水平要高于发达国家。大型城市的不平等水平要高于国家整体水平。与此相关的是从工业阶段向创新发展阶段的过渡。这意味着在低技能劳动力需求保持不变的情况下，高端、高技能、高收入劳动力数量的增长（首先在服务业和零售业）。毫无疑问，这一领域的未来将受到来自生产过程自动化的威胁。

（2）贫穷。到 2035 年，世界一半的贫民将集中在城市。在今后 10 年的美国，按收入来看，最大的 20 个城市群中的 16 个，其贫困水平超过国家平均水平。发达国家和发展中国家城市中的穷人之间差异很大。在富裕国家，贫穷的物质表现形式仍然存在，但在其他方面将变得愈加严重——社会的、政治的、心理的。

（3）移民问题。主要的移民人口（在许多情况下能够达到 85%）流向城市，因为这里容易找到工作，有更优厚的薪水，以及更高的生活水平和生活质量。但移民和种族、文明的异质化造成价值观层面的激烈冲突，近年来，这种现象不仅没有减弱，反而愈演愈烈。一方面是本土居民对“外来人”的不理解和不接受，另一方面，外来者无法但经常是不愿按所在国法律生活，在这二者的共同作用下，外来者和当地居民的反抗情绪皆有增加，甚至经常引起与警察对峙的骚乱，极右翼力量的影响力也在这一过程中有所加强。我们可以在今天的欧洲看到这些现象。

（4）网络脆弱性。在近几十年来，信息技术的普及和互联网的发展促成了新风险的出现。当前，信息通讯技术被应用在城市生活的方方面面，这使得它在每 30 秒一次的网络攻击面前变得脆弱不堪。

知识密集型经济的关键驱动力之一是高素质的劳动力。依靠从外部招揽人才，以及在岗培训，高技能人员向大城市的流入得以实现。

体面的工作、优厚的收入、高质量且多样化的服务、自我实现的可能，使人们被吸引进城市之中，但这也使国家其他地方（和其他国家）丧失了生气与吸引力，资源分配和经济活力的空间不平衡将因此加剧，给经济体系的整体发展带来损失。

这一过程出现在各种发展水平上，不仅是发展中国家的问题（去往大城市往往是自我实现、攀登社会阶梯的唯一机会），也是发达国家的问题。

高级专家最重要的提供者是常常坐落于大型城市群之中的大学城。现代大学不仅要完成知识的传播，还要实现知识的资本化和商业用途（为商业、政府、区域和市场提供咨询服务，注册专利，完成合同任务，吸引风险投资，援助创业企业等）。大学的未来事务方向将获得更大的规模。

大学拥有广泛的国际联系和适宜的条件用以研发合作项目、举办会议、交换教师和学生。受惠于其自身的国际化活动，大学将保持自己独特的地位，保障信息流持续流动和人员与经验的交流。

城市生命力的另一个源泉是其激发创造性环境的能力，使个人的创造力能够发挥出来。在这一过程中发挥重要作用的不仅是正式的人员往来，还有非正式的人员交流，包括在体育馆和运动场上，在城市广场上，在各种公开活动中，在不同的兴趣俱乐部上，在博物馆、电影院和剧院里，在咖啡馆和饭店中……

在城市之中，各种文化有时会因彼此差异太大，而很难实现相互之间的完整认识。城市则变成这样一种空间，各种文化直接接触，寻找相互理解。城市的这种能力即是创造性的体现。跨文化互动将给社会生活所有领域的发展带来巨大动力。大都市的优势和缺点参见图 5.3。

时间将会证明，“创意城市”会如何在现实中形成。但充满创造力的城市生活将扩大并确定下来。对于一些正在经历艰难时期的城市而言（例如老工业城市），该方向的发展可能成为其走出危机状态的最佳途径。这已经发生在伯明翰和曼彻斯特，它们成为了英国的大学和文化中心。

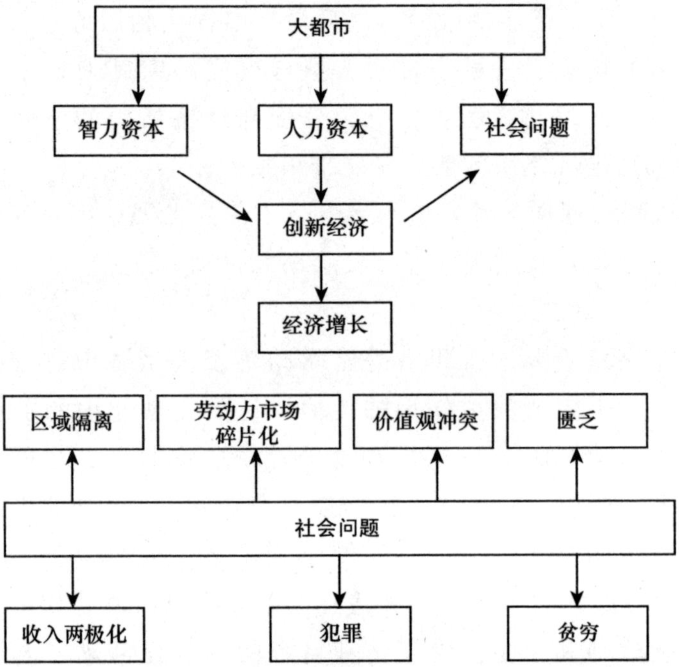

图 5.3 大都市的优势和缺点

通常来讲，按区域规模和人口数量严格区分地区甚至民族国家，城市（尤其是全球性城市和首都）不仅能够作为经济主体，还能作为政治决策的中心，并能够逐渐转型为地缘政治层面更加具有影响力的角色。城市超越国界、积极涉足国际议程将与日俱增。

第六章　国际安全的世界

一、可能情景

国际政治体系正处在一个转折期，并朝着愈加紧张的方向发展，它将受到一系列因素的影响。这些因素的共同作用将决定未来几十年全球安全的主要趋势。这些因素包括：

（1）俄罗斯与西方围绕乌克兰的危机，广义而言，即后苏联空间的局势。

（2）“有组织军事伊斯兰主义”[①] 造成的近东和中东、北非和东非以及南亚等地区的危机。

（3）俄罗斯经济危机，其转危为安的途径与能力将对俄罗斯内政外交产生深远影响。

（4）欧盟金融经济与社会性质的急速转型和成员国间的相互联系，这将决定该世界独立权力中心的未来。

（5）伊朗核问题的未来，根据“5 +1 会谈”的协商结果，该问题如何解决将决定海湾战争再次爆发的可能性以及无核化的未来。

（6）中国军事政策的调整，这将激化中国与西太平洋及印度洋地区邻国的紧张关系。

（7）世界经济重心、军事政治资源和主要矛盾中心向亚太、印

---

① 该术语包含“政治进攻性伊斯兰”（伊斯兰主义）和恐怖主义行为，还有伊斯兰主义向建立大型武装部队的过渡阶段——这种武装部队携重型武器和技术，可以进行大规模行动，以达到占领土地和经济资源，建立伪政权（哈里发）的目的。

度洋地区的转移。

（8）多等级、非对称以及多极世界秩序在全球及地区水平上的快速形成。在欧洲回到两极对峙情况下这种趋势显得格外突出。

由于上述和其他一些因素的影响，目前暂未出现全球层面的危机与混乱。未来20年里，国际安全状况的可能情景可以归纳为以下四种：

（1）回到相对均衡的多极模式，与21世纪第一个10年里的情况类似。但全球及地区主要权力中心的组成将会变化，各方的比重分配也会有所不同。主要政治主体之间的竞争与合作相伴相生。

（2）保持国际关系的多极模式。在俄罗斯与西方大规模军备竞赛周期性加剧时，俄罗斯与西方之间的对抗关系增强，而中国、印度及其他发展中大国将增强自己的国力，开展多边合作，其中包括与美国及其盟国的合作。

（3）新型的相对两极化，以及中国和美国周边主要国家与联盟的再调整（中国：俄罗斯、集体安全条约组织的部分成员国、朝鲜、伊朗、巴基斯坦，在某些条件下，埃及与南非也包含在内；美国：欧洲和亚洲的盟友、印度、东盟、澳大利亚、巴西、阿根廷，在一定条件下，越南、古巴和委内瑞拉也包含在内）。

（4）在俄罗斯与美国、中国、印度以及其他国家开展广泛合作的情况下，实现“里斯本—符拉迪沃斯托克”模式的大范围经济政治合作（俄罗斯快速向社会经济现代化转型）。

上述情景可被当作一些对世界安全状况产生决定性影响的总体假想模式。但可以理解，它们也不可能“以纯粹的方式”实现，而会结合其他模式的某些特点。

因此我们可以推测，第二种情景（俄罗斯与北约的对抗）可能对俄罗斯来说最为不利且损失极大，其中包括与中国不平等关系的加深。而与此同时，在最近5—10年，如果领导国家继续保持其外交内政的当前方向，第二种情景也是出现概率最大的情景。

从概率角度看，第一种关系模式（新型多极化）位居次席——始于下一个10年初期或中期。在这种情景下，俄罗斯与北约和欧盟的紧张关系将会从根本上降温，它们将达成新的有关限制军备和军事活动的协议。

可能性第三大的是第三种情景（新型两极化），它将出现在21世纪20年代或以后。如果中国无法像20世纪70年代初和80年代中期苏联那样承担稳定全球局势的责任，那么这种情景可能是对全球安全最具毁灭性的方案。如果中美陷入对抗，俄罗斯作为中国的“小伙伴”亦将失败。到最后，俄罗斯不仅无法改善与西方国家的对抗关系，还会在亚洲陷入与自己无关的冲突之中（与印度、日本、东南亚各国以及朝鲜半岛）。

第一种与第四种情景（多极化与无领导一体化）都是最有利的。另外，如果过渡期少于20年，则情景一很有可能会转型至情景四。但情景四是最近10年内概率最小的情景。然而，如果在俄罗斯与北约对抗风险严重期内成功避免了大战，那么从21世纪20年代中期开始，世界秩序向情景四的演化趋势将具备明显可能。在其他情况下，本章所有的计算和预测都将被灾难事件一扫而空。这一世界毁灭情景同属安全问题范畴，它是唯一一种能够将全球发展所有领域的任意预测“清零”的方案。

二、冲突的特点

在未来20年里，国际冲突及其破坏规模将不断增长与扩张。这些冲突不仅具有跨境特征，还会波及数个国家，甚至整个地区。这些冲突的产生与发展在很大程度上并不受大国（这里的“大国”指联合国安理会常任理事国，同时也是核不扩散条约承认的5个有核国家）的控制和作用。然而，大国对待这些冲突的态度，对待国际安全其他问题的态度，取决于上述哪种国际秩序情景能够在全球范围内实现。

与过去20年不同的是，在接下来20年内，当实现第二种甚至是第三种情景（俄罗斯与北约组织的对抗以及新型两极化）时，大国将更容易参与到冲突当中，而且往往是站在对立面上。这首先是指俄罗斯与美国/北约在后苏联空间的矛盾，其次也可能是指中国与美国及其亚洲伙伴国和盟国之间的关系。

核威慑因素将在全球权力中心的武装冲突中发挥作用。它并不是直接作用，而是间接地支持冲突方。同时，世界政治主体（首先是指中国与西方国家）在经济与人文领域的相互依赖关系也将对正面冲突产生遏制作用，然而，它连限制常规武器使用都会显示出脆弱性，毋论核武器了。

俄罗斯与北约/欧盟关系在 2013—2015 年的危机表明，即使在全球化和相互依存的世界里，为了政治、地缘政治、意识形态的动机和野心，经济利益与国际安全领域的合作是可以被牺牲的。

在 21 世纪，接替 20 世纪资本主义与共产主义两个阵营对峙的，不是福山希望的“历史的终结”和自由主义的胜利，而是民族主义的增强和带有明显宗教及历史心理学色彩的伦理价值观冲突。这一矛盾尤为突出，所以出现了这样一些情况，某些国家的统治集团既保留了权力，又从民众那里得到了（较先前抽象社会理论）更多的理解与支持。

同时不能排除的是，在危机升级的过程中，大国间直接武装冲突存在非蓄意性。

当前形势与冷战第二阶段（20 世纪 60 年代中期至 80 年代中期）不可同日而语，那时地缘政治势力范围的“潜规则”十分明确，其他领域并没有直接军事冲突的风险。如今，传统和新的势力范围将成为老牌权力中心和新兴权力中心激烈竞争的角斗场。

今后，后苏联空间及其毗邻区域、亚太地区的西部地区（中国东部、东南部海域和邻国）、印度洋北部区域中的任何一个地区，都可能成为主要权力中心激烈对抗的场所。

今天与冷战后 1/4 个世纪（从 20 世纪 80 年代末到 21 世纪 10 年代初）截然不同的是，那时的大国之间并没有发生激烈对抗，这是由于俄罗斯常常对西方单方面让步，而中国则全身心投入在经济发展和外部贸易扩张之中。

在此情况下，当前和未来攻击性非核武器不断增加的作战距离和速度，及其信息控制系统的高度自动化，将造成偶然性（或蓄意的）军事事件和武装冲突快速升级的危险。

例如在乌克兰危机当中，乌克兰的进一步分裂或俄军的直接参与可能最终导致北约（或美国“意愿联盟”）的直接武装干预，进而演化为俄罗斯与北约的正面军事冲突。正如俄罗斯的新军事学说指出的那样，这种冲突可能“将国家体制至于危险境地”，并引发先发制人的核打击。概率虽小但也有可能发生的是围绕“德涅斯特河沿岸共和国”的冲突再生，北约可能会通过罗马尼亚而被直接卷入冲突。甚至尚未达到那样极端程度，当前俄罗斯与北约海空军在黑海、地中海、波罗的海、巴伦支海以及北海等地区进行的示威行动，就已经提高了军事事件的危险程度。如果上述第二种甚至第三种情景（俄罗斯与北约的对抗以及新型两极化）变成现实，那么这种危险还会进一步升级。

在不断有利于中国核力量战略关系的背景下，中国的综合实力，特别是海军，正得到巨大提升。中国在其近海、印度洋以及地中海地区日益增长的地缘政治进展即是证明。在其意图取得军事支配权的水域中，中国舰队的军事活动将触及美国盟国和伙伴国（新加坡、泰国、越南、马来西亚、菲律宾、日本、韩国、阿拉伯国家和以色列）在该水域的利益。

日本的焦虑将因此提升，因为其战略地位正在发生根本性改变。而在有限的军事冲突中，来自美国的保证也将令人生疑，因为常规武器和全球核力量关系对比的区域平衡正在变化。

三、核武战争

（一）主要核大国

俄罗斯与美国/北约之间发生核武冲突的可能性不能用“有”或

“没有”来判断，而要在一个分度式的评估系统中来衡量。需要强调的是，在未来20年中，这种可能性相比冷战第一阶段（1949—1962年）较小，但相比冷战第二阶段（1963—1991年）则较大，更不用说冷战结束后的头20年了（1991—2011年）。

在俄罗斯与美国之间，除了日益严重的政治紧张和势力范围潜在边界的消弥之外，军事因素也是双边关系的决定因素。从1991年起，两国共进行了5次核武器数量削减（总共从大约50000枚削减至9000—10000枚），同时进行的还有减小威力、提高精准度和使用灵活性、完善信息控制系统、增强选择性应用和局部性应用的能力以防引发双方相互之间的大规模核打击。与此不同的是，在冷战时期，核武器在战区的任何应用都被想象在全球战争的第一阶段背景下，而从20世纪80年代中期到乌克兰危机初期，俄罗斯与北约之间发生军事冲突看起来是难以置信的。

若不通过谈判来制止双方核门槛降低的趋势，俄罗斯与北约应用核武器的可能性将会提高，甚至在可能的局部冲突中动用核武器。因此，上述构想和手段无论如何也无法排除局部核打击快速失控从而升级至全球核战争的可能性。这一概率正在增加，这源于核武器的扩散，以及常规装备与核装备攻击手段的行动配合与技术融合（巡航弹道导弹，以及未来可能的超音速空中弹道、轨道和次轨道系统）。

美国与中国之间爆发核战的可能性较过去30逾年（1980年初中美合作在阿富汗反抗苏联之后）亦有所提升。但下个5—10年之内，较之俄罗斯与北约，中美核战的可能性仍然较小。

在三个主要情景之下（除新型两极化之外），亚太地区将保持多极化的力量分布（美国及其盟友、中国、东南亚国家、俄罗斯）。可能发生的冲突将与领土无关，而主要涉及争议海域和岛屿，以及随之卷入的无谓的直接武装冲突。美国在海上军事力量与核力量方面将保持决定性优势（虽然较从前有所减弱），而在东亚陆上战区，中国将占据压倒性优势，没有任何一个冲突对抗国家能够与之匹敌。最后，即使不能排除冲突的理论可能，亚太国家之间（除俄罗斯之外）的经济相互依赖仍是遏制冲突的重要因素。它比俄罗斯与西方在欧洲的相互依赖程度更高。

在情景三的框架下（新型两极化），亚太地区冲突将保留其现实可能性，尤其在台湾问题尖锐化的情况下。中国的“反介入/区域拒止”战略，以及将常规武器控制系统、核武器控制系统与基础设施联接，可能导致中国东部与南部海域军事冲突的快速升级，进而发生相互核打击。

在21世纪20年代中期以后，俄罗斯与中国是否会因西伯利亚与远东领土矛盾再生，而发生武装冲突并向核武层面升级，我们无法完全排除这种理论可能性。但该情况出现的前提是双方的内政与外交政策皆发生根本性的、无法预测的彻底改变。且该情况不在上述四种世界秩序演化模式的情景之内。

（二）南亚

2035年之前，南亚核冲突的主要威胁在于印度与巴基斯坦的关系。

克什米尔问题将成为两国关系的主要刺激因素，伊斯兰极端主义分子的恐怖主义威胁将成为影响该局势发展的新因素。巴基斯坦尚无完善、正式的核学说，遵从率先使用核武器原则（而印度则已宣称不首先使用核武器）。因此，几乎任何与印度的冲突都可能成为核战争爆发的导火索。

未来20年，导致冲突的另一个原因可能来自巴基斯坦内政局势恶化以及伊斯兰激进分子（“塔利班”）和国际恐怖分子（“基地”组织）获得核武器的威胁。此外，巴基斯坦的内政混乱本身就可能刺激印度武力解决克什米尔问题及核问题。这很可能会导致核武器的使用。而且与印度不同的是，巴基斯坦对核武器的管控权在军队手中，如果战争爆发，几十枚甚至数百枚核弹头一起发射，届时全球将面临长期的、全球规模的生态与人口灾难。

2035年之前，中国与印度爆发冲突的可能性远低于印巴冲突的

可能性。

中国绝不会使用核武器，即使印巴战争转入核战争模式。在巴基斯坦国家解体或政权过渡到“伊斯兰主义者”手中的情况下，如果印度、美国或多边力量采取有核军事行动，中方则会采取回避干预的态度。

同时在印度洋海域，冲突增加的可能性将会上升，到2035年之前，这里可能发生一系列不会转为核战争的小规模武装冲突。印度洋地区拥有世界50%的集装箱运输量以及超过世界70%的石油产品运输量。中国约85%的进口石油通过印度洋运输。因此中国将建立印度洋军事经济监控系统（“珍珠链”战略），包括为本国碳氢能源进口多样化保驾护航。有些说法认为，“海上丝绸之路”可能为中国海上军事扩张带来额外动力。

印度也在增加军舰数量，在印度洋上建设海军基地。与伊朗、巴基斯坦、缅甸或泰国的不稳定关系，抑或试图封锁另一方的海上交通线，将可能挑起中印舰队之间的武装冲突，特别在没有国界的公海，通常首先发起攻击的一方会取得胜利。

（三）近东

在预测期内，以色列和伊朗可能会因最近的核计划爆发国家间冲突。

所发生的冲突可能会被划分至“准核”范畴，即该冲突与核使用无关，而与其制造和扩散的前景有关。如果伊朗于“5+1会谈”达成的协议被中断（由于其秘密迂回使用或直接撕毁），则以色列在2017—2020年内就极有可能使用航空导弹向伊朗地区发起攻击。

与伊朗的战争（尤其在美国参战支持以色列的情况下）会破坏巴基斯坦核问题的稳定性，严重激化全世界范围内的伊斯兰激进主义。这些后果会造成阿拉伯国家与伊斯兰国家集体退出“核不扩散条约”，并会促使其中某些国家积极制定军事核计划，以便获得挟制美国与以色列的机会。到那时，核不扩散的条约法律制度将不可逆转地失效。

如果伊朗顺利履行核武器协议，在大国与区域国家合作的基础之上，核不扩散制度将得以巩固，关键工艺与材料的不扩散制度也将被加强。

取消禁运，恢复西方与伊朗的关系，将为伊朗碳氢产品打开全球市场，并显著降低俄罗斯在该地区的影响力。这会随即引起石油价格下降，为欧盟带来石油与天然气的备选来源，这将对俄罗斯的经济与外交政策造成根本影响。

的确，这取决于2025—2030年前将会出现的两种情况。第一，2015年协议的10—15年有效期过后，伊朗如何选择将产生很大影响，或回到“5+1会谈”限制的核扩张计划，抑或续签协议。第二，尚不清楚的是该协议是否是核不扩散制度的范例，许多国家对此表示反对（俄罗斯首先提出反对），其他国家（沙特阿拉伯、埃及、阿联酋以及土耳其）是否会仿照伊朗的例子来发展核计划也属未知。

如果伊朗终止2015年协议或在协议到期后重启军事核计划，地区内其他国家，尤其是沙特阿拉伯，将立刻降低核门槛。在2035年前，这可能导致近东和中东变成类似南亚的情况，即周期性地走在地区核战争边缘。同时，在大多数国家内部不稳定，逊尼派与什叶派大规模宗教战争，以及新恐怖组织和伊斯兰武装分子周期性出现的情况下，该区域内使用核武器的可能性，或核武器被恐怖分子获得的可能性将比南亚更大。

只有第四种世界秩序前景（没有支配的一体化）能够提供消除这一威胁的机会。情景一（新型多极化）只能部分限制危险的发生。另两种方案（俄罗斯—北约对抗或新型两极化）不仅不能遏制这种危险，相反，还将通过把主要权力中心引入伊斯兰教两派的武装对抗而助长这一危险趋势。此种间接的形式和危险苗头已经出现在2015—2016年的叙利亚。

（四）远东

远东地区的主要不稳定因素是朝鲜民主主义人民共和国的军事核计划和挑衅性外交政策。

（10—15 年之后，当朝鲜研制出洲际导弹时）朝鲜蓄意袭击韩国、日本或美国的可能性很小。然而，来自朝鲜的周期性关系紧张，可能会或早或晚地激起武装冲突。如果朝鲜政权处在战败边缘，那么其使用核武器的可能性便非常之大。不排除在这种情况下，美国决定使用常规的精确制导武器先发制人，而作为回应，朝鲜则会使用残存下来的核武器进行反击。

四、其他可能发生的冲突

在预测期内，许多地区仍存在较高的冲突概率，即使没有大国的直接干预以及核升级的威胁。

从 20 世纪中叶开始，不同强度的国家间战争已鲜有出现。在大多数情况下通常是历史遗留或新近领土诉求的武装升级，且大多源自新独立国家的出现。此类冲突最可能发生在东亚地区，这一方面源自东亚较多的未决领土问题，另一方面则由于此地区域合作机制和全球争端调节机制的不甚完备。中国是许多领土争端中的一方。国家间武装冲突的屡屡发生也出现在南亚（印度—巴基斯坦）和非洲东北部（苏丹—南苏丹，厄立特里亚—埃塞俄比亚，厄立特里亚—吉布提）。

当今大多数武装冲突具备国内化的特点（图 6.1）。其中一部分会由于邻国和地区大国的干涉而国际化。

外部干涉国内冲突的方法被持续完善。今天，这些方法成为“混合型”战术，抑或与各种对抗手段相结合。这里指的是那些既干涉了其他国家的冲突，但又未越过直接参与或侵略门槛的方式。这些

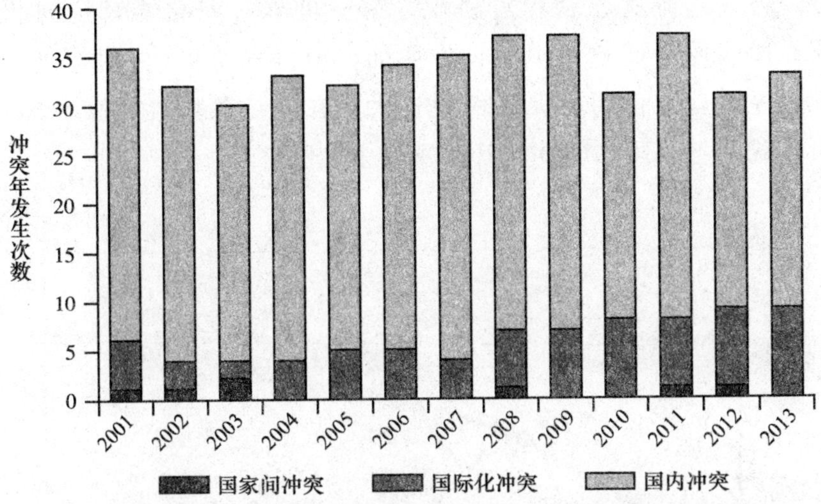

图 6.1　世界武装冲突类型（2001—2013 年）

资料来源：Загорский А. В. Миротворчество и международное управление региональной безопасностью. М.：ИМЭМО РАН，2015. С. 93.

干涉手段包括：

（1）组织或鼓励入侵别国领土的非常规力量或武装集团，包括雇佣军；

（2）组织煽动、援助或参与本国和外国的国民战争活动；

（3）提供武器和军事技术；

（4）派遣军事教官和专家；

（5）秘密“远程”指挥战斗行动；

（6）使用配备正规武器和技术的私人武装编队和“志愿军”；

（7）秘密使用特种部队、破坏侦察分队以及侨装成当地民兵的正规军人；

（8）在冲突地区边境实施大规模军事行动；

（9）实施经济压制；

（10）策划有针对性的信息宣传活动以影响社会舆论；

（11）网络攻击别国信息资源。

冷战结束后，世界范围内国内武装冲突的数量和强度逐渐下降

（图 6.2）。这源于苏联和美国在“第三世界”间接性对抗的收缩，国家在地区冲突调解当中的合作增加，地区安全机构和联合国在国际维和等活动中作用史无前例地扩大。在这一领域遵照联合国章程愈加活跃的有中国、印度和其他发展中大国。

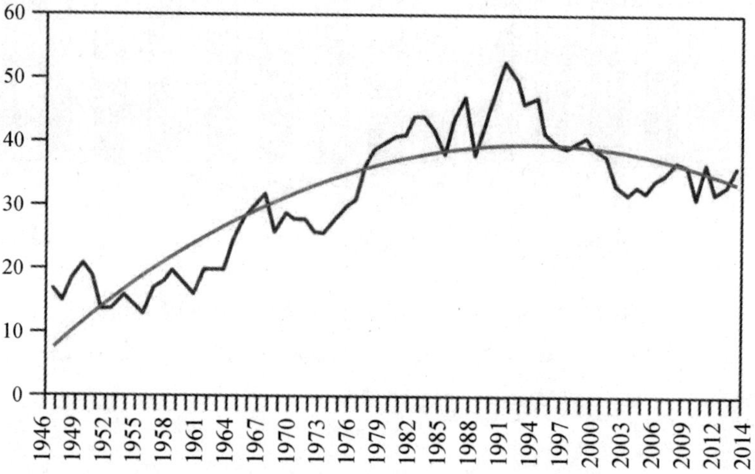

图 6.2　世界武装冲突数量（1946—2014 年）

资料来源：Загорский А. В. Миротворчество и международное управление региональной безопасностью. М.：ИМЭМО РАН，2015. С. 88.

在未来 20 年可以预见的是世界范围内不同强度的国内冲突可能性的增长，尤其在撒哈拉以南非洲国家、近东、南亚和东南亚地区。这种可能性取决于一系列因素：传统社会与全球化进程的适应问题，极端贫困背景下的人口飙涨（如一些非洲国家），与家族统治、裙带关系、腐败、弱公民社会、缺乏和平过渡传统相关的弱国或独裁政治。在许多情况下，国内冲突，包括大规模迁徙，会因为气候变化的负面影响而加深，如清洁用水短缺、农业废弛、自然灾害等。

随着国内战争屡屡发生，强度稍弱但消耗极大的起义运动等武装对抗将成为国家内部冲突的特征，同时出现的通常还有国家制度、法律秩序以及领土的全部或部分解体，准“自治”国家出现，数量极大的国民死亡，大规模难民迁移。

近10年以来的伊斯兰“革命”，以及西方（西方未从理解其事件和影响本质的角度思考）的鲁莽干涉，导致伊斯兰世界中独裁主义世俗体制崩溃的连锁反应，以及暴力与混乱的蔓延。在最近20年里，这些冲突的本质特点将趋于扩大，需要我们尤其注意：

（1）采取极端暴力方式与手段（包括大规模杀伤性武器）的意愿；

（2）冲突的进一步跨境化；

（3）暴力扩展至针对普通民众并引发人道主义灾难的危险；

（4）通过现代媒体，广泛使用和传播恐吓活动（处决人质、公开的恐怖行动、种族或宗教大屠杀等）。

伊斯兰军事极端主义主要表现在：第一，组织大型武装部队，建立极端主义准国家（哈里发）以完成领土扩张；第二，依靠当地（美国、欧盟国家、俄罗斯、后苏联空间、东南亚、非洲北部和中部）伊斯兰侨民制造爆炸事件和恐怖袭击。

这里首先便涉及近东和中东地区，某些冲突发源地从摩洛哥延伸至兴都库什，包括阿富汗、巴基斯坦、中亚以及伊朗。如果伊朗未能有效执行2015年协议有关核基础设施的条款，那么伊朗则可能遭致军事打击。

到2035年前，区域性（包括国内、跨国以及跨区域）武装起来的伊斯兰极端主义因素仍将是最迫切的问题。伊斯兰军事极端主义将以各种形式表现出来，如：对亲西方、亲俄国家政体的袭击，什叶派与逊尼派之间的战争，海盗活动的扩大（地中海、红海、加勒比海、整个非洲沿岸、北印度洋以及西太平洋）。

危如累卵的情景可能在最近几年以伊朗与沙特阿拉伯武装冲突的形式出现，且沙特会得到阿拉伯半岛邻国和美国（以色列可能袖手旁观）的支持。这还很可能加剧伊斯兰世界中什叶派和逊尼派的对抗，这种对抗会涌现在所有有什叶派和逊尼派少数民族生活的国家，包括：近东和中东（叙利亚、利比亚、伊拉克、伊朗、巴林、也门、沙特阿拉伯）、黑海里海地区（土耳其、阿塞拜疆）、中亚和南亚（塔吉克斯坦、阿富汗、印度、巴基斯坦）甚至俄罗斯（达吉斯坦）。

当宗教战争发生在一种教派之内时，它尤其具有长期性、残酷性和不妥协性的特征（正如 17 世纪欧洲的 30 年战争）。在现代条件下，当最新武器和军事技术无限制供应和大国参与其中时，宗教战争将具有大面积、跨区域的特点，并伴随最严重的经济（碳氢产品国际市场的功能崩溃）、人文（大规模移民）和犯罪政治（恐怖主义、毒品和武器走私、奴隶贩卖、人体器官非法交易）的后果。

其他可能蔓延冲突的地区是中亚和东南亚，以及赤道非洲。在这些地区有残酷的种族冲突，伊斯兰教与基督教之间的战争也可能将这些国家卷入其中。

在预测期内，小国之间因原料资源而起的武装冲突数量可能上升，但这种冲突的规模有限，其起因包括海洋碳氢能源和渔业资源、淡水资源，以及毒品运输、极端主义和犯罪行为、生态破坏。由于参战方有限的战争能力，冲突的规模和持续性将不会很大。

依然延续的还有冲突的复合型特征——内部冲突之中存在外部干涉，以及超出国境的军事打击。

在第一种和第四种国际体系发展情景里（新型多极化和无支配一体化），依然延续并将扩大的是大国在维和与反恐行动当中的合作。以俄罗斯和美国为首的两个联盟在叙利亚和伊拉克的平行军事行动，是衡量它们能否联合打击共同敌人的决定性指标。要从根本上消灭全球极端主义，只有诉诸大国间全方位的军事技术联盟，但这种联盟建立的可能性微乎其微，至少要等到 21 世纪 20 年代中期。

如果世界局势在近 20 年发展为第二种（俄罗斯与北约的对抗）或第三种情景（新型两极化），那么大国合作将变得偶然且有限。而如果大国重新恢复对冲突一方的政治和军事支持，危机将变得无以复加。尤其可能出现的是俄罗斯与美国/北约在后苏联空间的对抗，以及可能性稍小的中国与美国及其盟友在亚洲的对抗。在这些情况下，有组织武装打击的数量和规模将直线上升，其中一些冲突孕育着区域核战的危险。

五、军事力量

如果第一种或第四种情景（新型多极化和无支配一体化）出现，在全球化和相互依赖增强的情况下，相较非军事力量因素（“软实力”），预测期内军事力量的作用会相对下降。

而在第二种或第三种的情景下（俄罗斯—北约对抗和新型两极化），军事力量的作用则会增强。

虽然主要权力中心间爆发大规模战争的概率将会相对增加，但它仍低于冷战第一阶段（1947—1962 年）时的可能性。

在使用武力时，作用更大的是选择性军事行动和远距离精确打击（非接触性战争），以及小型机动部队和特种部队（“快速反应”部队）的行动，对内部武装反对派的增援，捣毁通讯与封锁——这些行动并非为了完胜对手，而是为了完成某一具体任务。

其中包括：

（1）通过直接从外部威胁主权和领土完整，从而更替某些国家的政体；

（2）依靠当地武装反对派，破坏某国主权和领土完整。抑或支持友好政体，对抗国内和跨境武装反对派，以保护国家统治或从别国的势力范围全身而退；

（3）削减国家经济及军事工业资产，削弱有利的地缘战略地位。

与此同时，军事全球化趋势将进一步发展——远距离军事力量（包括洲际导弹）的应用和暂时无法预测其战略与战术影响的最新军事技术的快速推广（无人机；不同射程的精确制导进攻与防御系统；空中、陆地和海洋机器人技术；最新信息控制系统；军用 3D 技术和人工智能技术）。支撑上述发展趋势的是军事技术出口国军备供应的增加、跨国企业的扩张，以及装备和军用技术黑市的快速发展。信息革命和全球金融沟通将在全球范围内扩大快速获取最新军用技术的机会。遏制、控制这一趋势并制止其最危险形式，将只可能出现在第四种情景之中（无支配一体化）。

在第四种情景中，联合国的集体军事行动将大幅扩大，其目的是维护和平，防止种族屠杀、种族清洗、人道主义灾难，同时还可能包含防止人为灾难和环境保护。由于国际恐怖主义和跨境犯罪可能增长，针对它的战斗行动亦将扩大。运用武力来防止核武器扩散或消除恐怖分子获得核武器的可能性，也将成为其方向之一。根据世界大国和区域大国通力合作的意愿，上述行动将更多在联合国和（或）地区安全组织的授权下，在多边基础上进行。

在大国之间或联盟之间，能源或其他自然资源（包括淡水）、北极航路、油气管道、战略要地所引发的冲突可能性仍然较小。

对于大国经济而言，任何规模的冲突损失和后果，都要比诉诸军力解决问题的收获大得多。

在第二、第三种情景下（俄罗斯—北约对抗和新型全球两极化），最可能出现的情况是，大国和联盟运用军事力量来对抗不结盟的中小国家。为支持后者（无直接军事干涉），通常将会出现的是大国和联盟之间的对抗。

小国之间可能在局部水平上相互对抗，但冲突规模有限（虽然也可能有严重人道主义后果），且会招致全球和地区国际安全组织的干预。

另外一种全球趋势将是信息技术手段军用化的爆炸性增长，其终极形式便是网络战争。目前，许多国家已经认为军事对抗不止于四种传统空间的对抗——陆上、海洋、空中和近地空间，还有网络空间的对抗。这将对军事领域中的物质和信息安全带来更大威胁。

“网络威胁”一词所涵盖的范围很广（图6.3）。狭义上，它指的是电脑网络（包括因特网）中的行动；而广义上，它则是对当下愈加依仗现代信息科技的国家安全和国际安全之敌对行动的统称。

图6.3　“网络威胁”的概念：从狭义到广义

在此情况下，不同行为者（从单一黑客到国家黑客）的手段（如窃取敏感信息，更改软件密码，擅闯基础设施重要项目的网络和通讯，干涉其他高科技系统），在军事领域制造了一系列新挑战和新威胁的方式，其中可以划分为如下类型：

（1）针对军用基础设施的网络攻击；

（2）借助恶意电脑软件，对软硬件、电子组件、连接线路或网路造成物理损害；

（3）以间谍或破坏活动（蓄意损伤或消灭）为目的的针对国家管理机构和工业设施的网络攻击；

（4）在军队行动过程中的网络攻击，破坏控制系统，摧毁敌人士气。

在安全语境下，核武器领域的网络威胁是重中之重。在国家核武指挥与控制系统中，信息手段已经并将愈加占据重要位置，而日益精密装备的协调应用也成为发展电脑技术的主要动力之一。这些系统永远存在一定的脆弱性，这直接或间接地来自电脑系统本身的特点，而且，这些系统的进化与军事技术水平的提高直接正相关。因此，呈现出悖论的是，世界最强大的军事大国在网络攻击面前将愈加显得不堪一击，对于个人如此，对于军方亦然，包括战略核力量的信息技术保障。

国家间网络攻击的可能发展方向是破坏敌方核武指挥系统或直接攻击核武元件，以干扰其使用。与此不同，恐怖分子可能会倾向于使用网络攻击以创造危机形势，或触发核手段的误用或擅自使用。[①]随着信息技术在最近20年中的迅猛发展和普及，可以预测的是，这种网络威胁将出现指数级增长。

网络安全的问题也将愈加影响核武器的发展与管控。为了避免危险事故，应在战略稳定领域，适当地将网络安全保障问题加入核武

---

① 例如，通过“欺骗”导弹攻击预警系统的方式。

器谈判。即除了单方面的防网络攻击措施[①]之外，设立相互协作的规范和原则（交换网络威胁数据，共同防御来自第三国家或组织的挑衅）。显而易见，这一步只可能在第一种或第四种情景下（新型多极化和无支配一体化）迈出。在其他情况下，网络安全威胁在预测期内将带来一系列灾难性的军事、经济和生态危机。

某些话题还涉及信息战对于敌方国家社会舆论的影响，以及破坏性地干涉他国内政的问题。这在广义上属于国际安全问题，而不属于军事政治的范畴。

六、核武器的作用

核力量作为大国之间一种相互制约的政治工具，其意义将不断减弱，尽管它们被或公开或秘密地保存并改良着。

到2035年前，与美国和英国的军事政策类似，俄罗斯、中国和印度将降低核遏制在保障自身安全中的作用。

无论无核化的社会倡议如何发展，降低核武器作用的势头不会改变，因为最新的精确制导远程进攻及防御系统是在美国和俄罗斯官方公认的无核化遏制概念框架下提出的。

同时，在其他有核国家的军事政治领域，以及在有核国家与核门槛国家之间，核武器的作用将有所提升。

从长远看，在导弹防御系统发展领域，美国仍将在技术和规模方面处于领先地位。俄罗斯将在空天防御框架下发展自己的防御体系（空天防御是导弹防御、对空防御以及空间武器防御系统的结合）。将发展国家导弹防御系统的国家还有中国和印度，日本、韩国、中国台湾、以色列和欧洲北约国家和地区也将与美国合作发展导弹防御系统。

---

① 其中包括，数据处理的统一化、区域布局、备份，建立“真空层”（对于全球信息网络中的极重要文件，避免内部网络交叉），信息控制系统的精细专业化等。

发展最迅猛的将是美国与俄罗斯已有的远程精确制导武器系统（非核装备）的进一步完善，如重型轰炸机上的空基巡航导弹、潜水艇和水面舰艇上的海基巡航导弹。超音速导弹系统和远程弹道导弹很有可能被制造出来（似乎在美国“全球即时打击计划”框架下）。其后是印度、以色列和其他国家。

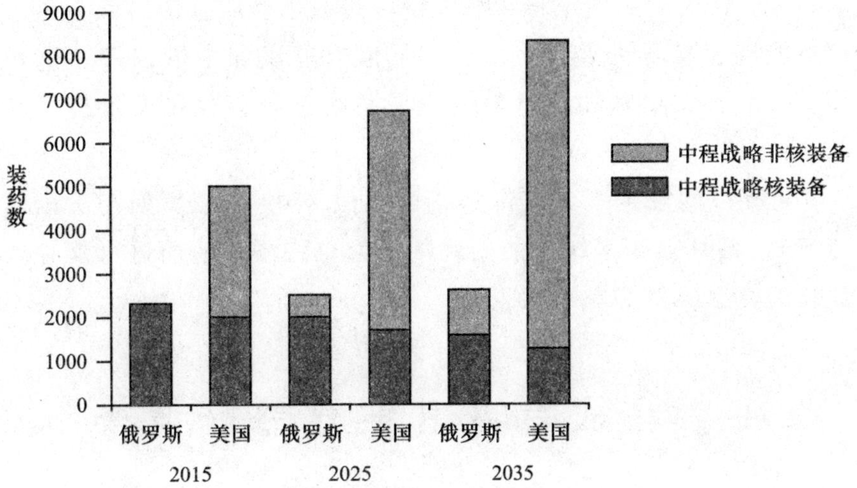

图 6.4　中程战略（非）核装备

在各种辅助任务和打击任务中，无人飞行载具将得到最广泛的普及，它在远程行动中的应用范围很广，包括洲际行动。

在第二种和第三种消极情景（俄罗斯—北约对抗及两极化）下，使用包括常规精确制导系统在内的战略武器的门槛将相对降低，因为使用这种武器不会伴随大规模伤亡和损失。但同时，由于战略武器的核成分将会保留，所以运用精确制导武器将伴随有核武器的使用并导致向大规模相互核打击升级的风险。这种最凶险的情况将发生在俄罗斯与北约于后苏联空间军事对抗的情况下；而在未来，则会出现在中国和美国于西太平洋对抗之时。

战略稳定性整体上将会下滑，而大国间爆发核战的危险性在第二种和第三种情景下则会相对增加，尽管过去几十年，核武器数量已有所缩减，其在主要权力中心军事能力中的地位也有所下降。在情景二和情景三中，上述防御和进攻装备的发展趋势将不只威胁战略稳定，还将破坏核武器的监控制度和系统，其中包括对它的限制与不扩散制度。

航天军备竞赛开始的可能性将有所提升，尤其在第三种——两极化情景中。

参与航天活动的国家将在航天设备的数量和质量上继续发展，这些设备能够预警导弹袭击、侦查、导航、通讯和中继以及军队作战指挥。在航天、陆基和空基的反卫星系统领域，存在大量科技和在制品。

航天事件的发生概率也将提高（类似2009年俄罗斯与美国的卫星冲突），破坏航天系统功能的挑衅行为也将增多，而这可能导致无法预料的社会经济和军事后果。

七、核武器及其他武器的监管

在第一种和第四种情景（多极化和无支配一体化）成真的情况下，2020年后，俄罗斯和美国将继续缩减其核武器至1000枚战略核弹头的水平，而到2035年，这一数量将降至更低。

同时，未来常规型进攻性和防御性精确制导武器的发展规模和技术指标，将由一系列条约、互信机制和透明化措施来限制和保障。2020年后，英国与法国将以某种形式加入这一进程，而到2030年，中国也将加入。

到2020年前夕，禁止核试验条约可能生效，而到2025年前，禁止生产核武材料的条约也将会签定，其中签约国至少包含“五大核国家”。

在俄罗斯、美国和中国的共同协调下，印度与巴基斯坦可能在21世纪20年代签订限制核武器的双边协议。

在近东和中东局势稳定和核不扩散机制巩固的情况下，到2035

年前，以色列可能会取消保存战备状态下的核武器，拆除弹药装备，并在国际原子能机构的监督下将武器材料入库保存（按南非模式）。

到2035年前，如果朝鲜能够完全消除使用核武器，则很有可能改变该国的政治经济体系（库存中不保留武器材料）。

因此，在乐观的第四种情景（无支配一体化）之中，核不扩散机制不仅能够得以巩固，还能放缓“核俱乐部”的扩大趋势——拥核国家从9个变为7个，且数量大幅减少（图6.5）。

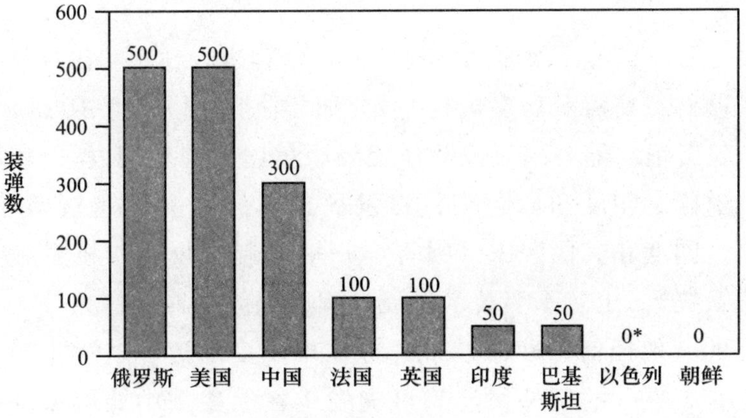

图6.5　2035年之前核扩散的乐观情景

在预测期内，当第二种情景（俄罗斯与北约对抗）出现时，中国在限制核武器及其他武器中的角色可能变得更加活跃，且很可能表现为中美双边合作形式。到21世纪30年代初，这种活跃的角色在第三种情景（两极化）下也可能出现。决定这一趋势的是中国取代俄罗斯成为新的第二号大国的愿望，这通常与谁拥有与美国战略谈判优先权有关。

2020年后，俄罗斯与美国的核武竞赛规模可能扩大，届时美国将开始其2040年前核装备现代化项目。与这种竞争平行进行的还有远程非核导弹装备（包括超音速导弹）和带有进攻手段的非核战略防御系统的竞赛。

这一发展将成为巨大的经济负担，尤其对于俄罗斯而言。寄希望于通过采购装备和军事技术来刺激经济发展和技术进步，是毫无根据的。这一规律曾运行在20世纪80年代，但自信息革命之后便开始失效。目前，在先进工业国家中，国民经济（尤其在中小企业中）迅猛的创新发展，已经成为军事进步的主要引擎。国防订单有可能激活地方或单一城镇经济，但其相应负面影响也尤其明显，军备拨款将提高商业和消费需求的债务负担并减缓整体经济发展，毋论社会经济发展其他重要组成部分（如教育、卫生、基础科学）的预算损失。对于国家高度参与市场经济和私人领域不发达的国家，这种情况尤甚。

除此之外，与冷战时期不同的是，远程进攻性和防御性核武器与常规武器的竞赛将变得多边化，如：中国—美国—俄罗斯，中国—印度—巴基斯坦。除美国与俄罗斯之外，美国的北约盟友，以及日本、韩国、中国、印度和以色列，将发展集体或独立的非核反导系统。而中国、印度和其他国家，则将会积极研制进攻性非核系统（包括超音速系统）。上述军事技术发展过程，在除第四种情景（无支配一体化）的其他任何一种情景中，将呈现出多通道、多边化的无监管装备竞赛。唯一的例外情况只可能发生在上述美中共同采取武器限制措施的情况下。

只有对太空活动的法律条约进行完善，才可能阻止太空军备竞赛的发生。其办法首先是，在武器轨道安置和任何一种类型（地基、海基、空基以及航天器载）的航天器攻击装置方面，扩大限制性和禁止性措施。而只有情景四（无支配一体化）才能提供这种可能。

到2035年前，在任何一种情景下，世界化学武器储备将被全面销毁。与此不同的是，尽管有1972年公约，但由于鉴定的复杂性，还是无法保证有效禁止生化武器。只有在第四种情景（无支配一体化）下，通过多边合作的形式，才有可能制定出新型生化武器（基因工程等）的监管措施和禁用办法。

八、临界技术与材料的扩散

维护和巩固核不扩散（核材料与导弹技术）机制需要俄罗斯、美国及中国等世界主要大国的协作。不过由于新技术的发展与核材料国际贸易的增长，即使在第一种或第四种情景（多极化和无支配一体化）下，也无法完全保证成功。况且，在第二种和第三种宏观政治模式下（俄罗斯—北约对抗与两极化），成功的可能性愈加渺茫。

在预测期内，考虑到气候变化以及新兴国家的政治野心，能够预见到的是原子能地位的绝对提升①（图 6.6）。这一增长与世界碳氢能源价格的波动关联较小，因为到 2035 年，原子能无论如何也不会取代碳氢能源。推动“原子提升”的与其说是经济动机，不如说是来自对威望的考量，对能源多样性的需求，以及对科技发展和能源进口国军事安全的保障。而对供应者来说，则是商业利益，原子能市场的竞争，以及在亚洲、非洲和拉丁美洲政治影响的扩大。

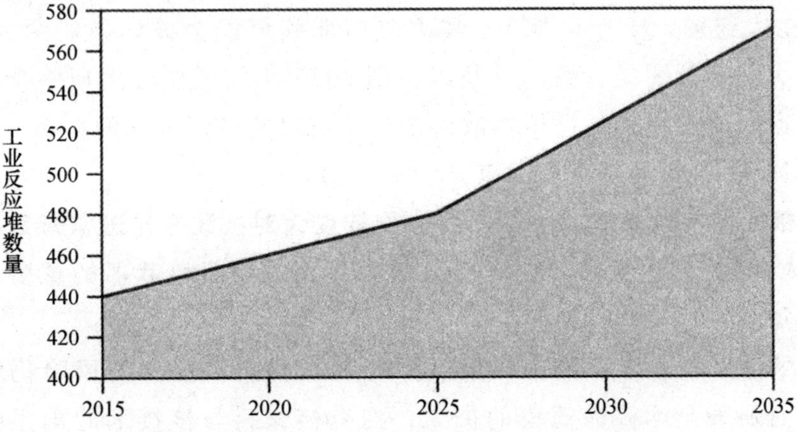

图 6.6 国际原子工业发展预测（2015—2035）

资料来源：2015 年数据来自国际原子能机构。

① （按 2013 年 1 月的统计）全球共有 435 座能源反应堆投入使用，在建 65 座，计划修建 167 座，方案评估 317 座。

在核燃料循环技术的影响下，所有这些都将伴随着“军用”原子能与“和平”原子能界限的日益模糊。

与核不扩散条约逻辑相违背的是，和平使用原子能将不再是建造核武器的备选方案，相反将变成一些觊觎核武器及其快速建造技术能力国家的手段和托辞（获得“核门槛”）。

朝鲜的例子以及伊朗的边境核研究，在未来20年里，可能会被其他亚洲、非洲以及拉丁美洲国家效仿，其中许多国家的内部稳定状况和（或）卷入地区冲突的程度都不尽相同。

核不扩散条约的标准与制度（国际原子能机构、核供应国集团、1997年补充协议）已对这一挑战束手无策，因为条约并不限制以和平使用核能为目的的双重技术发展和临界材料储存。这将置核不扩散机制于危险境地，更何况该机制中的一些规则并未适应新形势。2015年同伊朗签订的协议是一个突破，因为该协议对核不扩散条约中没有规定的方面进行了限制。如果这些规则和国际原子能机构的监管模式一样，能够成为例规（不顾一些国家反对），那么核不扩散模式将得到切实巩固。

然而，巩固核不扩散模式及相关协议需要全体成员的一致同意（现在达到了191个国家），其中包括那些可能会破坏条约的国家。如果大国不能团结一致达成共识，到2035年前可能会出现一众核门槛国家。而更糟糕的是核扩散的连锁反应以及核俱乐部的扩员（从9个增加到15个甚至更多国家）（图6.7）。

核武器将越来越从大国的标志物转变为对抗敌方先进常规武器的“穷人武器”。这意味着在局部战争中军用或误用核武器的威胁会不断增加。

尽管采取了许多措施，但核弹药和核材料被侵占的风险仍将存在，而随着全球核能规模的扩大，拥有核材料与核技术的国家数量也将不断增多（到2035年将从30个上升至45—50个）。而在第二种或第三种情景下（对抗与两极化），俄罗斯与美国在保障核物质安全方面合作的萎缩则将加剧这一威胁。由于临界材料在不稳定或激进国家中扩散，恐怖组织获得核爆炸装置的威胁则有可能成为现实。

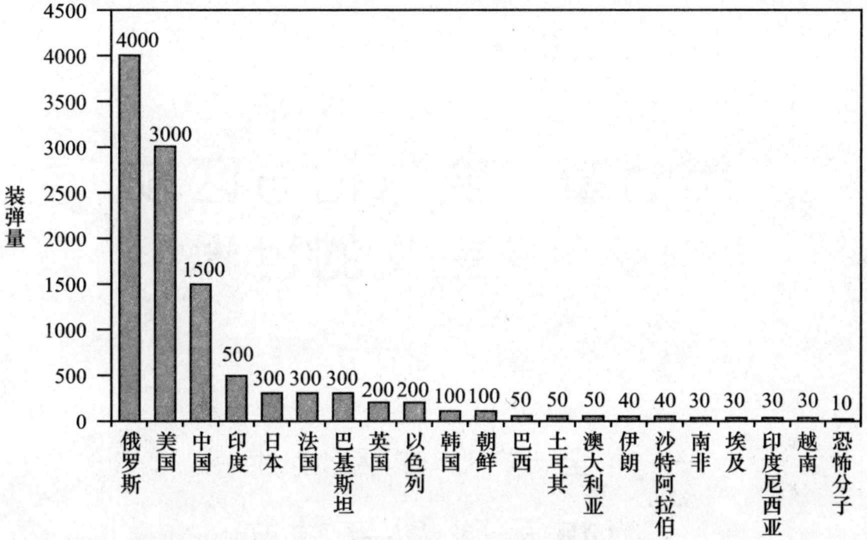

图 6.7　2035 年前核扩散的悲观情景（按国家和非国家行为体划分）

在第二种或第三种情景下，到 2035 年前几乎无法避免的是恐怖分子或宗教极端主义“军队”（如“伊斯兰国”）获得核爆炸装置、获得运载工具（巡航导弹或无人驾驶飞行器）的可能性同样存在。

只有在第四种国际安全系统的演化情景中（无支配一体化），通过多边合作形式，依靠俄罗斯与美国全面合作的恢复，联合中国和其他国家以保证核弹药、材料与技术的妥善保存，才能预防这种威胁的出现。

第七章　全球化与区域主义的世界

一、全球化与区域主义：相互联系与对立

全球化是近几十年来世界发展的显著趋势，它将在未来 20 年内得到全方位的发展，其中兼备不同的发展进程，这些进程将对全球化的总体方向产生对立影响。

在全球化进程中，有两点首要因素将对其发展起到主要的阻碍作用。第一个因素是在全球化意识形成趋势的同时，存在着一种分裂的反趋势，这种趋势正日益加剧，这种反趋势将国际社会和世界经济领域中独立区域和民族的自我认同放在首要位置；第二个因素是民族主义和孤立主义势力和情绪的复苏（图 7.1）。

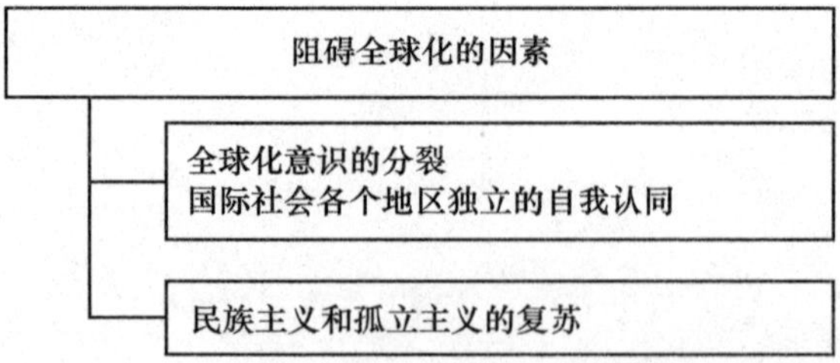

图 7.1　反全球化因素

区域主义是一种加强国家间及其经济合作的特殊形式，它的发展正在接替包罗万象的全球化趋势。区域主义接替全球化趋势的标志是全球性经济与政治制度的萎靡，以及地区性组织与机构规模的增大和活跃性的提高（图 7.2）。

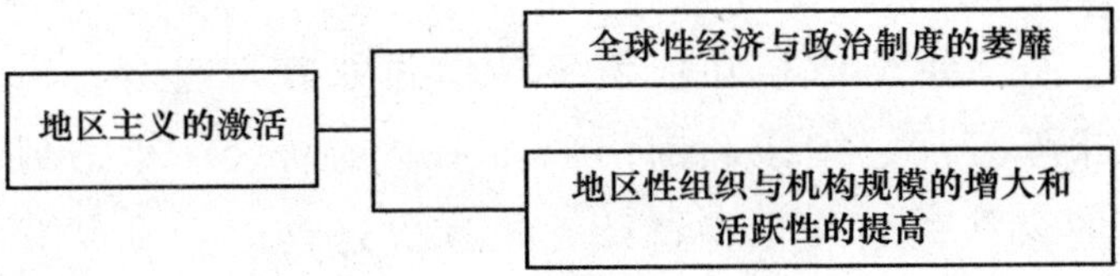

图 7.2　区域主义的强化倾向

几乎在世界各个地区都能找到这种趋势的有力证明，如从 21 世纪初开始迅速签署的一系列新的双边和多边自由贸易协定、消除投资壁垒协定以及“经济合作伙伴关系”协定，等等。

不同区域在贸易和投资自由化的广度和深度、涉及的领域和范围、国内市场准入程度等方面彼此不同，但共同点是利益双方都具有较高的活跃性与积极性。区域合作进度和规模的日益增长与在世界贸易组织以及其他全球性组织框架下所进行的会谈缺乏实质性的进展形成了鲜明对比。

这反映出政治、经济以及制度发展水平和战略各不相同国家间接受统一经济规则和标准的客观复杂性。

同时在此背景下，全球化趋势正在衰减以及全球化与区域主义矛盾正在加深这一论点并不完全准确，实际情况看起来更复杂。

如今，全球化存在两个维度：（1）作为一种客观趋势，反映了全球相互依赖的增强；（2）对于各个国家，并最终对于整个世界，均是一个政治选择问题。作为一个政治选择问题时，全球化反映出政治阶层根据自身对民族利益和价值的认识所做出的选择（图 7.3）。

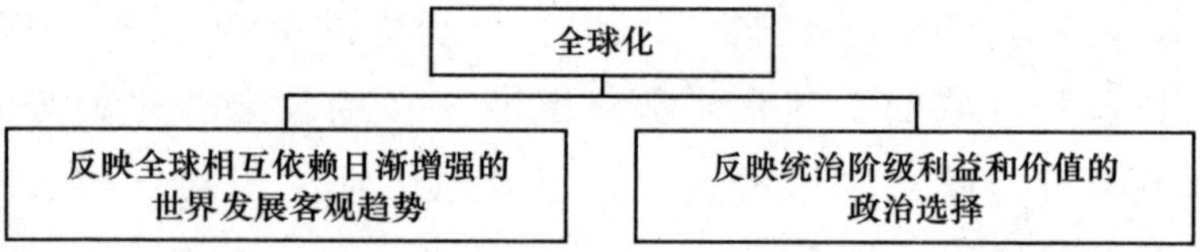

图 7.3　全球化的两个维度

作为一种反映全球相互依赖日渐增强的客观趋势，由于全球资本、金融市场发展、国家和部门创新突破的普及、生态风险意识等运行逻辑的存在，全球化将持续并加速。这是因为全球化将反映在如图 7.4 所示不同的形式中。

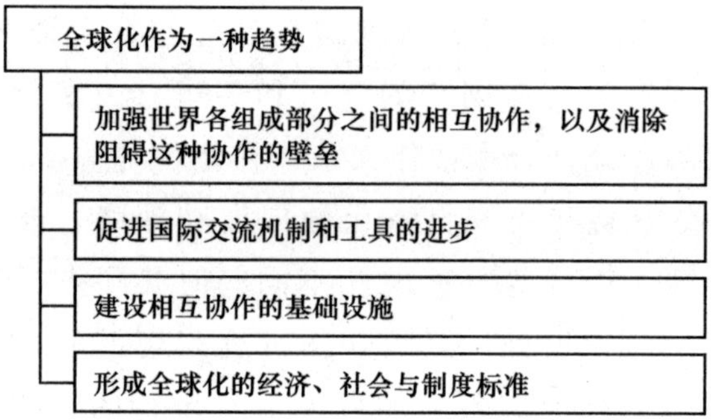

图 7.4　全球化表现形式

从这个角度看，全球化发展的客观标准是取消经济壁垒，以及消除人为抑制全球协作并阻止其发展的调控因素。

全球化作为一种客观趋势仍将保持并推动通信手段的发展，促进大范围的技术交流，能够使只有在全球层面才能得到有效解决的发展过程中遇到的问题（例如安全和生态等问题）得到重新的定义。

同时，不同历史时期的国家精英和政府做出的政治选择要么支持全球化，要么反对全球化。对此，他们不仅会遵循合理的意见（考虑政治上具有影响力的团体利益以及全球化伴随的风险），还会参考文化和意识形态因素的影响。政治选择在一定条件下会对全球化这种客观趋势起到巨大的阻碍作用。

区域主义本身也有不同的内涵和意义（图 7.5）。其中一种理解是区域主义可以扮演天然“阶梯”的角色，是全球化的组成部分——建设性/开放性区域主义。

开放性的区域主义能够促进全球化，减少日益增多的地区竞争者之间的壁垒。为此，这些开放性的区域合作组织都力求将自身制定的规则与世界贸易组织和其他全球性组织的规则相对应，并促进后者的发展。

在另外的情况下，区域主义作为全球化的对立面，与其背道而驰——防御性/封闭性区域主义。这种区域主义的极端表现是所有类型合作的碎片化和当地化。倾向于“封闭性”区域主义的政治选择一般是将全球化视为威胁而非机遇。

判断区域主义属于第一种还是第二种类型的标准是区域主义对现有全球化空间的影响。

开放性区域主义建立和扩大了现有的经济政治共同区，使其达到一个新高度。

封闭性区域主义则将导致现有的统一场域的碎片化及其收缩和衰退。

图 7.5　区域主义类型

在实践中，开放性和封闭性一体化组织之间并没有严格的界限，因为这些一体化组织的特性以及参与者的动机随时都会有很大变动。尽管如此，在具体的阶段，一体化项目的形成和实施要么把开放性因素放在首位，要么把防御性因素放在首位。例如，亚太经合组织在现阶段便表现出“开放性”区域化的特点，亚太经合组织致力于在达成共识的基础上建立一个涵盖整个亚太地区的自由贸易区。与此同时，跨太平洋伙伴关系协定的主要目的之一却是保护参与国在特定框架下的未来贸易和投资合作。该协定可以使参与国免受那些不接受本协议所确定的业务活动调控标准和规则的国家组织的影响。

二、作为一种趋势的全球化：1995—2015—2035

过去20年（1995—2015年）中全球化进程表现得非常明显，在可预测的未来，全球化继续发展的概率依然很高。

在信息技术和通信领域，技术基础和制度条件的全球化进程突飞猛进。

接着是金融和工业全球化——建立全球生产网和资源配置网。在通信革命基础上，小团体经济体系于过去20年逐渐具备全球化特点，建立了长期的生产和分销链，其中包含位于不同国家的数十个环节以及复杂的网络合作。

物流设施以及由此衍生的用于优化商品流通和资源配置的新技术取得巨大发展。物流贸易和投资的进步促进了大型跨国生产体系的形成，也促进了跨国物质资料、劳动力以及人才资源（广泛利用外包和外部雇佣等）的集约利用。

逻辑上来讲，下一个环节是信息全球化，即多层次知识交流的全球化体系形成。接着应该是社会和文化全球化。

如上所述，在未来20年（2015—2035）这些基本方向将持续影响着全球化进程（图7.6）。

首先，这些方向涉及通信、信息技术、生产体系跨国化等领域。技术的进步也给传统领域“注入新的生命力”，它为传统交通工具的现代化创造了条件，也改变了建筑领域和农业经济的面貌。世界将获得利用“第二次绿色革命”成果的机会，首要提及的便是水文气象台。

随着获取能源的技术与途径变得多样化，以及在新技术的基础上对能源的合理利用和合理优化，全球能源的面貌将从本质上得到改变。

通信和技术革命同样也减少了人员流通和商品运输的成本，进而增加了人口流动性。

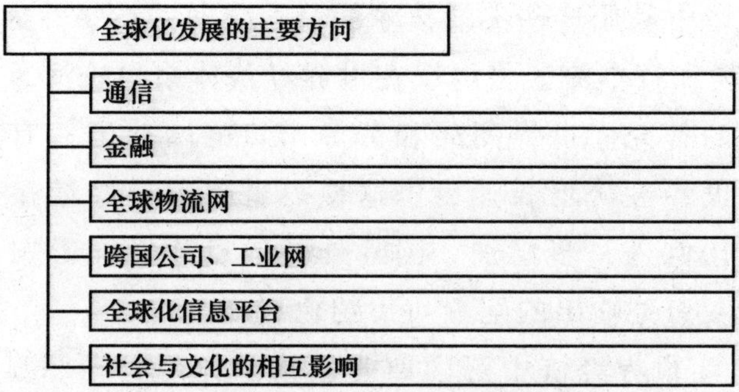

图 7.6　全球化进程的优先领域

这势必会加速社会全球化的进程，为新技术在各个领域内的蓬勃发展创造条件。

高新科技和创新的发展将对全球化的进程产生多方位影响。

一方面，国家以及地区之间的技术交流有望进一步增加，世界科学一体化程度将会加深。国际创新项目将对科技全球化进程产生重大影响。

另一方面，随着工艺复杂性的提升，各国在科技发展水平方面将更加脱节，这种情况在短时间内是无法克服的。这将产生新的“分界线”，会有很多落后国家客观上与“创新”全球化脱节（图 7.7）。

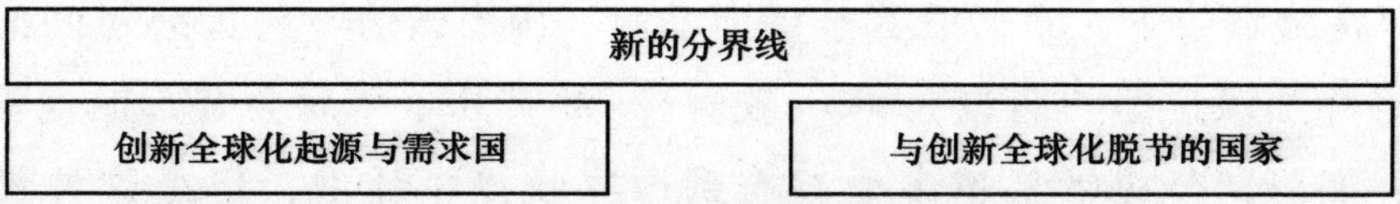

图 7.7　创新发展的新失衡

在全球商品与劳务生产中，高科技的发展将对全球竞争产生双重影响。这种竞争主要表现在尖端技术与次级技术生产商之间的差距上。

一方面，尖端技术生产商一般是来自于美国、欧盟和日本的大公司，他们会建立全球垄断，因为利润的增长部分是由知识产权（受法律保护的技术和品牌使用权）所有者（知识分子和机构）的专利使用费组成的。结果是在全球经济中竞争性出现一定的衰减。另一方面，在生产中利用这些尖端技术的公司之间的竞争性加强。

商品贸易和资本流通将继续在世界经济体系中扮演重要角色，同时也会有新的补充。世界商品和劳务出口的增速虽然有所减缓，但增速仍高于世界经济增长速度，这使得世界贸易总量在全球国内生产总值中的比例进一步增加。国际外包的迅速发展影响着劳务输出特点，将改变劳务输出的配置与集约化程度。

未来20年世界经济中跨国商业机构的作用日渐明显。据我们估测，到2035年大约有一半的商品和劳务生产以及超过1/3的国际贸易（目前大约1/4的世界生产与1/2的商品和劳务出口）处于跨国公司管制下。

鉴于这些结构进展，要理解全球化力量对比，越来越重要的资料不再是划有国家行政分界线的世界政治地图，而是跨过这些分界线所形成的“世界小团体地图”。

因此，大部分跨国公司将具有“区域内”和“二元区域”特点，而非全球化特点。跨国公司建立的跨国链条将局限在一个小区域内（最常见的有欧盟和亚太地区），还有一种情况是，跨国公司除了“自己设置的小区域”外还会联系另一区域（例如，欧盟+后苏联地区、亚太地区+非洲地区）。这在很大程度上是由中型企业国际化引起的。

在此背景下，在监管其经济活动时，国家政府与跨国公司间的竞争将会加深，即“跨国公司vs政府”。尽管几十年后会有其他重要趋势，如跨国公司越来越多地参与到国家政治生活中，但是这种民族经济思想与跨国企业竞争相结合的政策，还无法使跨区域商业机构顺从国家政府。政府将广泛用民粹修辞来巩固自己的地位，避免政治自毁行径。这种自毁行径指的是，作为竞争者与大型跨国资本勾结，从而对公共利益造成损害的行径。有些党派出于私利使用爱国和“国家主义”修辞而愈加受到民众欢迎。这种趋势表明，社会情绪的变化将促使统治集团打击那些试图秘密控制国家权力机关的跨国公司。

三、领域与区域的不平衡

毫无疑问，在未来20年的全球化进程中，不均衡发展仍将持续——不管是各领域之间，还是各地区之间。

在各个领域中，较新经济领域之间的交流将继续加强，因为在这些经济领域，起初就没有或很少有阻碍全球互动的壁垒。

在传统领域（尤其是农业领域），商品和投资自由流通的障碍依然存在，在某些时期或某个时间段甚至还会加强。即便如此，国家间也不会取消界限和壁垒抑或建立自由贸易和统一市场。各国将逐渐进入“例外型自由贸易”新模式。

各个地区和国家对全球化和区域化进程的参与感仍存在差异。欧洲大西洋地区在全球化进程中仍保持领先地位，而在跨太平洋空间，这一进程则不那么容易或一致，其结果将是各式各样的诠释与评价。

日本仍将受到国内政治经济的影响，它将无法利用突破性方法刺激各种类型的跨国经济和社会的活跃性。

中国不仅仍是全球化的积极参与者，也是全球投资的火车头之一。在当前政府领导下，中国开始积极将国内资本投放到国际市场，这将促进中国加入全球化，以及与中国资本受益国之间的合作。然而，国内问题和社会经济不协调等压力势必将抑制中国参与全球化的进程。

对韩国而言，扮演类似遏制角色的将是朝鲜因素——统一以及随后朝鲜半岛北部现代化的责任。

在欧洲大西洋空间，这里我们将前苏联国家也包括其中，全球化将较少波及南欧和东欧，特别是巴尔干半岛和前苏联国家。

在亚洲，许多大国，例如印度和巴基斯坦，则将以独立国家的身份参与全球化。

还有些国家，例如阿拉伯世界，它们竭力在国际化进程中扮演重要角色，但却会受到自身社会文化、制度、资源等因素的客观限制。

四、全球化的风险、阻碍和界限

全球化作为一种客观趋势，除了给参与者带来机遇外，还带来了诸多风险。这些风险在部分政治精英看来是指社会政治经济威胁。这种威胁还包含为了支持大型国际行为体而丧失部分国家主权（包括非常重要部分）的威胁，尤其是决定国家政治、经济、外交基本准则的主权部分。同时，全球化会对各个国家产生不稳定（文化和思想方面）的外部影响。此外，由于一些外部因素不在国家政府监管范围内，国家经济更易受到冲击（还有内部政治稳定性）。最后，全球化会给一些组织的利益带来不可避免的损失，进而导致这些组织完全边缘化（图7.8）。

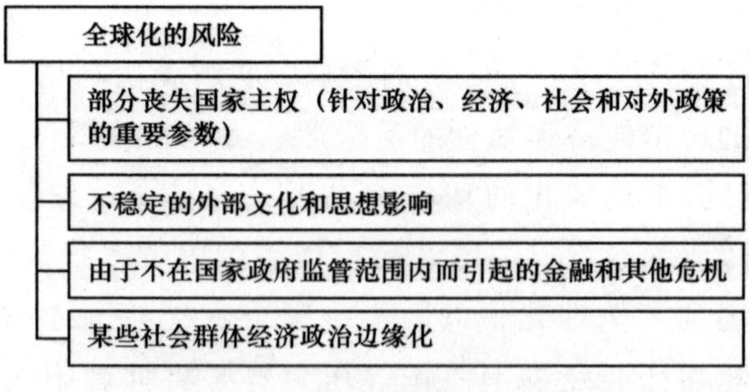

图7.8　社会经济和政治风险

因此世界经济迅速发展也将在某种程度上伴随着风险和忧虑。如今这种风险表现为全球化对国际失衡的影响。

国家间在经济技术发展水平以及其发展潜力方面的差距将会拉大，而且全球技术进程速度越快，差距就越大。

再过20年，差距将变得难以克服，这势必成为全球化道路上的首要障碍。

美国将巩固自己的领导地位，同时中国希望全面加入先进行列的愿望难以完全实现。欧盟和日本将竭力在技术领域实现超越，尽管它们将被中国和其他发展中国家顽强的竞争者“挤出去”。中国和其他发展中国家将竭力在收入水平和科技发展方面进入“中等发达国家”行列。

与此同时，在世界创新领域将出现新的加速增长与发展国。通过发展和推广创新技术以发展本国经济的国家日益增多。这些国家将成为新型技术的传播者，将国际创新领导者发明的新技术传播到其他发展中国家。将在此方面发挥作用的国家有中国、韩国、新加坡、印度和巴西。

由于在创新领域产生新的行为体，全球化创新网络将会出现新的排列布局和基础机构。同时技术转移给世界较不发达地区带来的附带积极影响将会减少。如果之前技术转移几乎是自动地推动不发达地区经济社会发展的话，那么这样的积极影响在未来将不会那么突出。

在此条件下，世界大部分国家将在争夺科技领先的竞技场上被“淘汰”，这将导致经济发展的方向与特点发生巨大差异。

科技发展脱节将阻碍全球化进程。

在全球化进程中，世界经济核心国家与边缘国家之间的差距将会拉大。发达国家将面临这样一个问题——利用全球机制来支持难以适应新现实的国家。

国家主权限制问题仍将是全球化发展的政治障碍。

部分政治阶层反对全球化，他们认为全球化体制的加强会限制自身权力，这将使一些国家从全球化进程中退出。

限制全球化发展的国家在行政管理、法规及其他内部体制方面千差万别，文化思想，包括教育系统，也参差不齐。

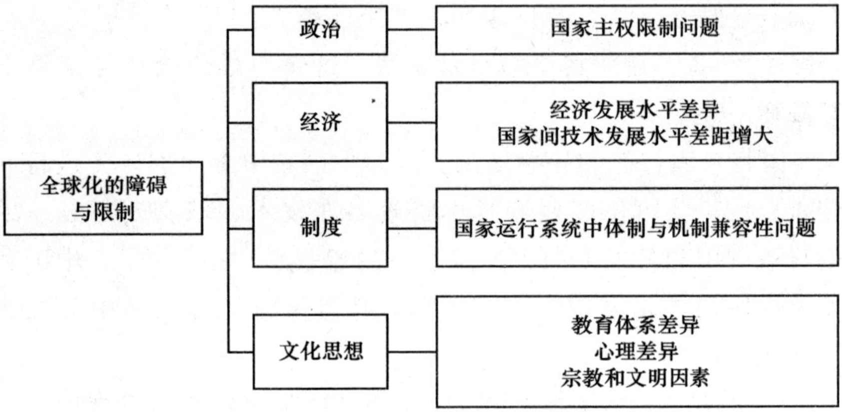

图7.9　全球化发展的局限性

五、全球化作为一种政治选择：反全球化运动

全球化将固化各国在社会经济发展水平、经济效率和竞争力方面的差距，以及各国战略决策在国际关系中影响力的差距。这样的观点过去和将来都是反全球化力量和运动的思想基础。

在可能出现新的世界和地区危机的条件下，正如本章开头所提到的那样，民族主义和全球社会碎片化将更加强烈。这种力量增强的原因还有一个：部分执政阶层愈发感受到全球化对自身政权构成了威胁。

确切的说，我们将成为民族主义演变的见证者，这种演变是从民族独特性和优越感的思想转向断绝民族与外部联系的思想。今天世界某些国家和地区已经出现的各种现象就是活生生的例子：欧洲反移民运动；阿拉伯国家伊斯兰原教旨主义高涨；世界南半球国家

（不发达国家）由于出现越来越多的“外来人”而被激怒，即所谓的“技术民族主义”等。

结果就是政治精英脱离全球化的速度加快，他们会竭力中和全球化带来的潜在影响。

尽管如此，这样的反全球化趋势在今后几十年将不会在世界范围内占优势。世界南半球国家（不发达国家）中支持全球化的“中产阶级”占据社会的主流，他们将抵抗反全球化运动。况且中产阶级的领导人正在参与信息全球化，这将改变他们的心理、文化定式等。

在预测期内，全球化将继续作为全球发展的主流趋势发挥着作用，与此同时，反对全球化的政治选择依旧存在。

作为对全球化的反应，地方化和碎片化将持续出现在某些地区。然而实际上，地方化和碎片化将会对国家发展而非全球发展构成威胁。

反全球化运动不会遏制全球化，但会影响其速度和形式。最大的威胁在于，反全球化转变为一种抑制社会全球化的有力因素。

全球化和区域主义共存并互相影响。破坏性区域主义的波浪式发展会阻碍全球化，尤其在世界各种经济和政治危机情况下。然而，破坏性区域主义并不能消除全球化世界对超国家调节与管理机制的客观需求。

全球化调节机制的不完善问题，将会在地区机制和建设性区域主义的发展进程中得到弥补。

全球化这个巨型调节器的危机不会导致人们拒绝它，而会导致它在很大程度上转化为区域主义。

全球化也是一种政治选择，从这个角度来讲，有效全球管理的理念仍然具有重要意义。然而，由于受到经济政治空间碎片化和地方化、有目的政治制约（制裁）的影响，有利于形成这一理念的制度系统要在超过预测期的较长时间段里才能形成。

作为一种客观趋势，全球化放缓将推动建设性区域主义的发展。较之全球化制度和平台功能转型或加强等观念，在现阶段，区域主义更适合已有条件。

到预测期结束，全球议程中将出现一个关于新型全球化（“全球化新浪潮”）的问题。新型全球化试图寻找一条克服现今全球化潮流之矛盾、缺陷和弱点的道路。在这个进程中，成功发展的建设性区域主义将扮演重要角色。

六、几个作为地区互动平台的地缘政治空间

（一）欧洲大西洋空间

当前，在北半球，有三个相对成功的经济一体化项目核心——美国（北美自由贸易协定）、西欧先进国家（欧盟）和俄罗斯（欧亚经济联盟）。尽管这三个核心存在政治对抗，但由于自身的文化文明亲缘性，它们都具备在该空间建立世界最大的统一经济空间的能力。除此之外，欧洲大西洋空间三个政治经济核心的接近，以及所有地区国家向这一轨道的并入，将产生协同效应，并从根本上提高平均的经济增长速度。

1. 跨大西洋贸易及投资伙伴协议（TTIP）的前景

中短期而言，对美国和欧盟最具意义的莫过于跨大西洋贸易及投资伙伴协议的建立。而长远来看，这一倡议与北约的结合将为跨大西洋国际关系赋予新动力；而在政治领域，它也将带来跨大西洋一体化共同体的建立。[①]

贸易、投资、标准、知识产权和社会劳动关系等方面的规范和制度，将补充跨大西洋军事政治机制和社会经济联系的稳固系统。建立这套规范和制度的客观基础已经形成，而在这一人口超8亿的地区建立一个巨大的自由贸易区，将是这一进程的成果。

TTIP项目不只是一个自由贸易区，还是一个综合性协议，旨在

---

① 北约不仅是一个军事集团，也是盟友间就安全问题达成一致的政治保障机制。

建设商品、服务和金融资产、外商直接投资等市场运行的跨大西洋新模式。在一定程度上，TTIP 将填补新型多极化世界秩序长期形成的政治和经济影响。换言之，尽管传统全球化领导者和新兴参与者的一系列经济指标有所改变，创建跨大西洋共同体的一体化效应仍将有助于美国和欧洲在一系列行业中保持领导地位，特别是在知识密集型和高科技产业。除此之外，在跨大西洋共同体的系统效应方面，TTIP 的成效还将决定未来美国在政治和军事领域依靠其欧洲盟友的能力。而在全球政治、经济和安全问题中，美国能否与其盟友保持统一立场，也取决于此。

在欧盟作为一体化联盟的发展中，建设 TTIP 将带来多重影响。从经济角度看，实现这一倡议将为欧盟带来实际利益，它将使主要欧洲公司和银行获得开拓美国市场、扩大贸易规模、吸引和部署投资的巨大机遇。大多数欧洲主要经济体都将从中获益。但从政治角度看，与美国一体化的加深，加之与北约军事活动的结合，将使欧盟的国家主体性水平下降，美国对其的影响则会增强，尤其在国际政治与安全问题方面。

中期而言，在美国和欧盟，不仅会有关于 TTIP 的政治讨论，还会有其他层面的讨论。而在长期规划中，对 TTIP 签订和实施进行破坏的可能性较小——奥巴马政府的倡议将获得下一任美国总统、大量美国公司与银行，以及政治精英代表的支持。尽管协议将因激烈的辩论而停滞，但美国统治集团中支持者的数量将会上升，更何况不只在民主党自身内，还包括共和党内最务实的战略思考者。

反对者将出现在许多欧盟国家，因为对于这些国家而言，其在某些经济领域将在统一跨大西洋市场中失去竞争力。例如，许多拥有发达农工综合体的国家将陷入危机。在美国，无论执政党是谁，至少两届政府（2017—2021 年和 2021—2025 年）将遭遇由于美欧标准、规范、制度不同而带来的困难。这种差别首先便体现在制度机制与其运行原则、贸易和投资法、劳动法、质量标准等方面。尽管这些问题都将逐渐被克服，但寻找折衷之策将在不同形式的矛盾和政治投机中进行。

在欧盟，在对待 TTIP 问题上，各种政治立场之间也可能出现矛盾。其支持者认为，TTIP 将有助于欧洲经济体走出多年的停滞，刺激经济增长，提高出口并创造新的就业岗位。而反对者（左翼和极右翼政党、反全球化人士和另类全球化人士、环保和社会组织，以及一系列商界和出口社团代表），则一直坚持 TTIP 首先对美国有利，因为美国是这一新联盟的领导者。为了保护国家经济关键行业免受来自美国跨国公司的不友好竞争和倾销，某些欧洲国家进而建立了贸易和关税壁垒，TTIP 反对者的主要观点恰恰是它将破坏上述机制。最近几年，TTIP 的反对者将坚持认为，TTIP 的建立将导致欧盟社会、经济、技术等规范的消弥，以及来自美国的经济强制与操纵。

欧盟领导国政府和小国政府，以及欧盟制构（欧盟委员会、欧洲议会），将继续积极地支持该项目。但在某些欧盟国家层面，围绕该项目实施办法的党派政治斗争很有可能加剧。

对于欧盟国家国内政治议程和跨大西洋国际关系至关重要的问题仍将是，在 TTIP 实施的情况下，国家政府如何有效地保护经济利益和国家安全。

对于美国政治生活而言，欧洲公司将在哪些领域与美国国内市场的生产商竞争，甚至对其产生挤压，这个问题不容小觑。这一问题，与 TTIP 对美国劳动力市场的影响结合在一起，将被周期性地使用。使用者是那些新孤立主义、新重商主义、极端保守主义的政治力量，它们将通过这种方式保持自己对共和党选民和独立选民的影响。部分倾向新孤立主义的共和党政治家以及左翼民主党人，将反对 TTIP，并诉诸美国下层中产阶级和中小企业。与大型企业不同，它们从国内市场竞争中的收益，甚至从欧洲市场新机遇中收益将变得少之又少。但大部分民主党和共和党统治集团，以及专家群体和大公司，将支持该构想的实现。

欧盟与美国建立跨大西洋贸易与投资伙伴关系，加之其他欧洲大西洋地区和亚太地区的联接，以及与欧亚经济联盟的紧密合作，不仅将扩大公司的销售机遇，还将降低能源、原料甚至局部的人口局限性。

到 2035 年前，欧洲大西洋很有可能保持全球发展重要空间的角色。

同时，2014—2015 年的事件表明，欧洲大西洋和欧亚空间在最近 20 年，不会找到合适的对接形式，相应一体化项目的发展将是平行和不协调的。因此，每个一体化群体都将经历与社会和经济生活全部领域严重失衡息息相关的制约行为。

2. 经济和社会领域

到 2035 年，欧洲大西洋空间的经济发展将愈加失衡，这将加剧该地区的社会经济对比和政治对抗。

欧洲大西洋空间的“中产阶级”将会竭力促进一体化进程，但是国家内部脱节、政治民粹主义的兴起，以及独裁的加强，可能会破坏该地区国家相互融合的趋势。该地区的稳定取决于这些问题能否被成功解决。

欧洲大西洋空间产生这些反差的原因如下。

第一，量的差距。挪威与吉尔吉斯斯坦、塔吉克斯坦人均 GDP 的差距为 20—30 倍（按购买力平价计算）。甚至欧盟内部各个地区之间的差距也非常大（最高记录为：罗马尼亚东北与大伦敦内部相差 11 倍）。这就使各国无法协调本国的经济政策，一个最鲜明的例子就是希腊危机。这样的问题在将来势必会破坏本区域一体化倡议的可持续性。

第二，质的不平衡。这种状况在未来 20 年未必能够消除。即使在欧洲大西洋空间最不相同的国家里都分布有成功利用全球化成果的大城市群。这些大城市中居民的生活已达到后工业时代社会的生活水平。但与此同时，在当地还有一些农工区和传统工业区，这些地区与迅速发展的新型工业国家的竞争以失败告终，它们与科学研究和试验设计中心联系薄弱，对信息革命成果的利用也极其有限。

这种类似的情况可以依靠创新扩散效应得到解决。这种扩散效应虽然不会终止地区间的不平衡，但是它创建机制，持续不断地将新事物从中心区推广至地方。然而许多欧洲大西洋空间区域实际上并没有遵循这样的进程，而且在今后 20 年这样的情况原则上未必会有所改变。这就意味着只有一部分地区能够在人均 GDP 以及其他发展指标上缩小与领先地区之间的差距。

对该地区的发达国家而言，尤其是欧盟国家，人口失衡将是首要问题。寿命提高背景下的出生率低下，将导致劳动年龄人口数量和比重下降。后者将在整个预测期内持续缩减，尽管移民流入会保持高增长。在所有移民中，劳动年龄移民的比重将高于欧盟平均水平。

尽管长远来看，在人口年龄结构中，此类变化的强度一定会下降，但到 2035 年，它仍将保持较高水平，并产生多样的社会经济后果。

首先将给养老系统造成困境。虽然在该地区所有国家中，保险体系的作用正在增加，但保险体系无法适应大规模人口变动，也无法支撑既有的养老保障水平，仅仅依靠提高在业人口缴费不可能解决问题。目前，逐渐提高养老金发放年龄（在一些情况下接近 70 岁）的措施正在积极进行。同时，显而易见，将被采用的还包括用保险因素部分替代基本支付。

另一个重要后果将是对社会支出规模增长的需求。在所有医疗和卫生系统完善的情况下，面向老年人的医疗和社会服务客观上亟待大幅提升，到 2035 年欧盟国家的这一比重将提高 5 个百分点，达到 15%。欧盟成员国政府通过优化医疗融资以维持卫生支出的诸项措施效果有限。

社会职业失衡同样对欧洲大西洋空间 2035 年前的发展构成威胁。甚至在本地区的许多富裕国家也存在贫困地区扩大的威胁，10% 左右的居民长期处于失业状态。在这种情况下，在西欧普及的国家福利模式将发生变化，以结束某些社会群体指望他人赡养的依赖心理。

在欧洲大西洋空间中，一些国家试图独立与很多方面的不足做斗争，但是国际研究显示一些趋势是存在共性的。例如，发达国家中，贫困阶层的中小学教育日益衰落。毫无疑问，到 2035 年，在最发达国家仍会有数百万的功能性文盲，或者无法利用技术进步的人。

未来 20 年，欧洲大西洋空间里最危险的问题将是民族失衡。随着移民增多，外来文化随之而来，民族失衡问题随之加深。移民群体很难融入到目的国的经济政治生活中去。这种现象在三大一体化核心——美国、西欧大国、俄罗斯（虽然俄罗斯的移民来源不一样）都尤为明显。

政治家对这种现象的反应截然不同，且暂时很难判定其对错。很多国家对移民潮来源国实行大规模隔绝政策。例如，欧盟对北非和近东国家，但这不会使其避免多元文化主义的危机。然而，试图在2035年之前逐渐扩大本国的政治经济空间将是一个错误的决策。在社会文化传统的层面还存在严重的威胁——社会现代化不止发生在生产技术革新上，还要发生在社会政治发展模式的充分转型中。

社会意识将发生巨大改变。国家的根本愿景和基本功能将会改变。国家作为保障社会公平和社会稳定的收入分配机制，这一作用将会消失。届时，保障经济增长条件将具有较大意义。

相应的，占首要地位的将是鼓励增长和完善人力资源的国家政策——在教育领域制定严谨措施，建设保障其高度有效性的知识和组织基础施设。

对有孩子家庭的支持将会增多，职业教育和再培训系统融资将会增多。由于经济和社会发展水平的失衡，以及欧盟国家社会政策形成的历史特征，这些进程将以不同的速度、不同的形式发生。在英国和荷兰，很可能将继续社会服务供应体系的去中心化，福利国家在市政层面部分功能的权力转移，以及低收入人口非政府扶持机制的发展（企业公益、慈善）。而对于社会制度欠发达的国家（如希腊）则正相反，在与贫穷和社会经济分化的斗争中，国家在社会领域中的角色将会增加，在解决迫切问题时的中心化也会提升。

3. 作为欧亚北部发展未来的欧亚经济联盟

2015年1月，欧亚经济联盟正式启动。它的创建开始于2010年建立关税同盟，这是欧亚一体化的准备阶段。欧亚经济联盟的创立是苏联解体后前苏联共和国为在经济领域发展和深化相互联系跨出的最大一步。

该一体化联盟的创建者是俄罗斯、白俄罗斯和哈萨克斯坦，亚美尼亚和吉尔吉斯斯坦在2015年上半年宣布加入。这些国家旨在通过合作为各自的经济发展提供保障，解决共同面临的经济发展问题，全方位生产现代化，加强国家经济在全球经济中的竞争力。

带着这些目标，欧亚经济联盟成员签署文件，建立统一的国民经济运行原则，保障有效互动，协调项目和具体措施以支持某些经济领域，为提高内部经济可持续性和对外部影响的稳定性创造必要条件。

在着手实施规划和项目的过程中，欧亚经济联盟成员国遭遇到了一系列内部和外部困难。

第一，尽管进行了密集的准备工作，但在建立欧亚经济联盟的文件中，参与国之间的一系列经济矛盾却没有被克服，或者说远没有被完全克服。这表现在：一是共同市场（电力、天然气、石油和石油产品）的最终建立花费了较长的时间；二是缺乏有关相对统一货币政策的协商一致；三是合同的一系列条款多是建议性的，而非强制性的。

同时，大量不同种类的例外和限制（估计不少于400个）对商品流通动态乃至欧亚经济一体化的整体进程均造成了负面影响。这些商品包括石油、天然气、石油产品、药品、医疗器械和一系列农业商品。

第二，欧亚一体化始于外部经济条件不利的情况下——几乎就在全球经济的衰退期。意在发展相互经贸合作的欧亚一体化项目成员国，始终是更广泛（相较其自身规模而言）国际经济关系的参与者。因此，它们不得不经受全球经济金融危机的严重后果。全球危机影响了这些国家的经济发展基本面，以及它们对国际劳动分工和全球贸易的参与，还有它们在全球资源市场（尤其是能源市场）行情恶化过程中的出口收入。

第三，对欧亚一体化进程的负面影响，毫无疑问，还包括与乌克兰危机、西方对俄罗斯的经济制裁，以及俄罗斯卢布贬值有关的严重问题。这些事件不仅给俄罗斯带来了不小的经济损失，对于欧亚一体化中与俄罗斯紧密联系的伙伴国也造成了负面影响。例如，哈萨克斯坦和白俄罗斯的经济增长下滑，货币贬值，人民生活水平下降。

上述现象和趋势不仅对欧亚经济联盟成员国的经济状况造成负面影响，更导致这些国家内部政治不稳定性和社会紧张情绪的加剧。

同时，欧亚经济联盟成员国绝不是注定要遭受这种负面影响，它们拥有巨大的、能帮助它们成功面对各种挑战的政治和经济能力。

在今后 20 年中，下列因素将决定欧亚经济联盟能否克服当前困难，保障其稳定发展：

（1）欧亚经济联盟成员国积极完善条约法律基础的能力；

（2）强化统一关税空间的可能性，包括采用新的关税法；

（3）是否准备加速建立欧亚经济联盟共同的电力市场。

鉴于欧亚经济联盟所有国家在工业现代化和创新发展道路上的利害关系，在今后 20 年，对欧亚北部国家发展至关重要的将是它们的工业合作。在欧亚经济联盟框架下，欧亚经济委员会所制定的工业合作基本方向，从中期来看，将着眼于解决下列重要任务：

（1）在欧亚经济联盟共同市场中，通过提高相互间的产品供应，完成第三国工业商品的进口替代；

（2）通过实现欧亚经济联盟成员国的协同行动，提高制造业产品出口；

（3）加速工业综合体的技术进步，在欧亚经济联盟框架下，建立共同的现代创新基础设施。

为了加速实现这些国家的规划，欧亚经济联盟成员国应着力在一些现代行业建设合资企业，包括机械制造、汽车制造、农业机械制造、直升机制造、天然气化学、冶金工业和制药工业。这些合作的可期成果将包括欧亚经济联盟成员内部市场的发展、当地商业活动的活跃、失业率的下降和居民购买力的提升。事实上，这些项目的成功或失败，对于欧亚经济联盟和欧亚一体化所有项目的未来有着举足轻重的意义。

摆在俄罗斯和其他欧亚经济联盟国家面前的最复杂问题是，在西方持续性经济制裁的情况下如何保障长期投资的资金。欧盟经济联盟成员国需要在融资问题上有效合作，动员国家和私人领域的投资。

为此，当务之急是激活国家私人投资的去离岸化政策，并从根本上扩大对投资者的税收激励。

随着俄罗斯及其伙伴国采取相应措施，依靠国内来源解决欧亚一体化的工业、基础设施及其他领域的融资问题，同时还可以对欧亚经济联盟与中国“丝绸之路经济带”项目的互动进行合理性研究。后者是中国着力建设其地缘政治空间的组成部分。

4. 安全保障

欧洲大西洋空间未来20年的安全状况主要取决于俄罗斯和西方（欧盟、北约/美国）如何从乌克兰冲突中抽身。可能会出现以下三种情景：

在第一种情景（有限的两极化）中，冷战时期的意识形态对抗将被俄罗斯和西方的地缘政治对抗所代替。这种对抗具备新的意识形态基础——自由主义和传统价值观之间的较量。这种趋势的发展必然导致欧洲大西洋空间新分界线的出现，以及冷战时期“得寸进尺”政策（foot - in - the - door policy）的重现。在此情况下，俄罗斯和北约/美国之间为势力范围而斗争的主要阵地以及最具冲突的区域将是前苏联地区，这里也是俄罗斯认为其生死利益之所在。

俄罗斯和西方国家的分歧必然会破坏双方在全球和地区重大安全问题（大规模杀伤性武器扩散、全球恐怖主义、地区冲突调节）上的协调性。

第二种情景是在公共安全区建立没有俄罗斯加入的平衡关系。这种情况的前提条件是乌克兰冲突的解决。俄罗斯和西方国家的关系将按照20世纪80年代后期时“大变革”苏联与西方的关系模式建立起来。

这种模式倡导制定共同行为准则（在赫尔辛基原则现代化的基础上确立欧洲安全合作组织新的基本行为准则），以及在欧洲大西洋地区之外针对共同的安全威胁展开合作，就军备管控问题进行谈判等。

在欧洲大西洋地区建立稳定和谐的关系有利于促进第三种最乐观情况的出现，即在本地区形成新的安全架构，此体系将所有本地区国家紧密联系在一起，反对在后苏联空间争夺势力范围的思想和竞争观念。

上述情况的实现有利于俄罗斯和西方国家在共同安全系统中的融合，从而要求俄罗斯与欧洲大西洋地区主要邻国的关系发生重大改变。

为了新世界秩序的制度建设，可以在欧洲大西洋空间使用一些不同方案。方案之一是在各种现有制度之外，对某些安全问题（军事政治、经济、国际法、人道主义等）的责任范围和作用进行功能性巩固。另一种方案是在决策机制深度改革过程中，赋予欧洲安全与合作组织以“欧洲联合国”的作用。

（二）亚洲及太平洋空间

未来20年，亚太空间仍将是快速发展的地区。

亚太地区在世界政治和经济中的作用无论是量上，还是质上都将越来越大。与此同时，该地区中各个区域主要参与国的力量和角色对比将会发生本质变化（图7.10）。

在亚太地区中，美国在经济、政治、技术以及军事方面仍然占绝对领先地位。不过地区中一些国家与相应指数较高的国家之间的差距将缩小。

中国在地区增长中的火车头作用将会增强，到2035年，中国将成为亚太地区经济和综合实力最强的国家，各项指标将从根本上超过日本。其居民生活水平和生活质量将达到欧洲中等发达国家水平。

日本仍将在全球利益中扮演强大的经济参与者角色，其在该地区有限的政治角色也将得以保持，同时，日本将保持其传统上对周边国家的关注，以及在军事安全领域对美国的依赖性。

在军事经济以及政治实力方面，中国与日本之间的差距将逐渐增大，在此背景下，所谓“中等实力”国家在本地区的政治地位将得以增强，它们在经济和国际关系中的作用也将明显提升。

最终，一些在经济和技术领域相对落后的东南亚及南亚国家，将保持其现有的地区实力和潜力排名，以及所承担的相应责任。

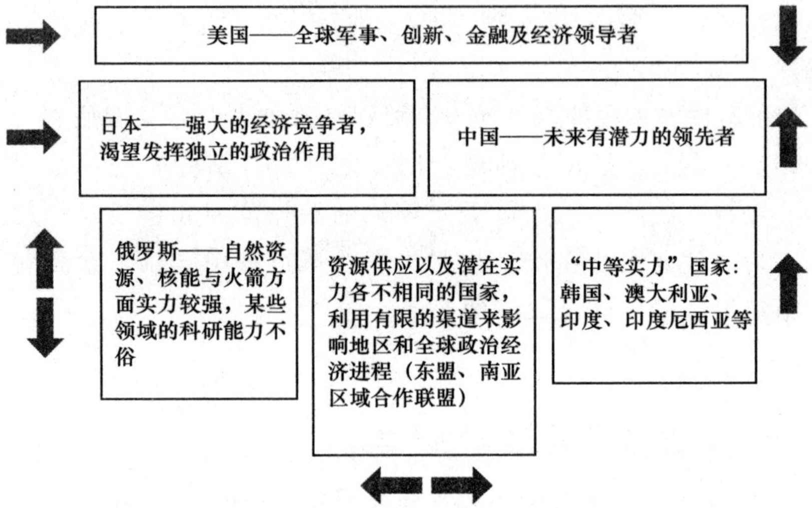

图7.10　亚太地区：主体及其实力与角色

1. 经济格局

在亚太地区将逐渐发生某些国家作用的再调整，这将为区域经济活力创造更良好的条件和未来。亚太地区在世界经济中的比重和意义也将提高。

中国在未来20年仍将保持经济快速发展，并将保证20%—25%的世界GDP增长率，为全球经济增长做出举足轻重的贡献。

这一时期中国经济快速增长的主要因素有：

（1）由于城市化加速以及中产阶级人数增加，消费需求变大。到2035年，中国人口结构将发生质的变化——农村人口将减少至20%—25%左右；

（2）投资积极性较高，其中伴随着城市化进程以及国家加快落后地区发展政策的启动实施；

（3）金融市场自由化以及工业和金融领域结构性改革。

中国将继续制定和实施积极的创新战略。尽管中国不会是世界创新的领导者，但在研发中的某些领域，如消费市场和“绿色经济”，将占据重要地位。与此同时，集约的增长因素将会成为中国经济发展的主要推动力量。中国在一些基础研究领域仍相对落后，这也将成为其与美国深化科学合作的附加因素。

中国经济的国际化程度将进一步加强。中国的一些大型公司明显表现出跨国特点，其中某些公司已经进入世界技术领域先进行列。依靠快速的国外扩张，中国将成功在一定程度上填补出口欧洲和日本产品减少带来的损失。

中国的人民币将成为自由兑换货币，与英镑、日元和瑞士法郎一起作为“第二等”世界货币被广泛使用于国际结算中。

日本 GDP 将保持低速增长。这与日本复杂的人口形势有关——人口总量减少，人口老龄化严重。这势必会增加退休金及社会保障体系的负荷，加大政府财政压力；国家被迫扩大社会服务体系，引起直接和间接负担加重；居民实际收入减少，对企业活动的激励减少，企业创新活动外流至国外。因此到 2035 年，日本很有可能将世界经济的第三把交椅让给印度，而中国的 GDP 总量将超过日本 2 倍以上。

同时日本政府将通过扩大经济活跃层、鼓励私人领域创新积极性等手段，竭力提高国民经济的表现和有效性。在未来 10 年，日本很可能在高新技术领域（机器人技术、医学与生物技术）继续处于领先地位。这些产品将不仅在日本经济的附加值结构中增加自己的比重，还将在其出口贸易中增加比重。

同时，韩国企业在高新技术生产和出口方面的地位将日益加强。韩国具备成为太平洋创新中心之一的客观条件：科学家数量领先，共有 1000 名在职科研人员；科研投入相对较高；注册专利数量增多等。

朝鲜半岛的可能统一将在最初阶段抑制韩国经济增长，因为韩国要消耗大量财力以实现朝鲜市场的现代化。而从长远来讲，朝鲜半岛的统一不仅对朝鲜的发展，而且对韩国的发展都将起到积极的促进作用。

东盟经济核心国家坚决执行支撑经济高速增长的政策，且其经济增速已超过世界平均水平，如马来西亚、印度尼西亚、菲律宾、新加坡，以及印度，即使它表面上并不属于该区域。

地区国际合作以国际贸易和投资自由化为基础，这种合作的进一步发展将促进地区经济快速增长。

各种地区自由化项目的实现，相互经济联系的推动——亚太地区转型为一个统一的经济空间，将决定该地区主要参与者的积极程度。

美国是亚太经济一体化和自由化进程的主要受益国。在亚太地区的经济政治领导地位，将保证其能够支配自己的商业行为标准、技术要求和规范。

中国将尽一切努力，在军事、经济和技术领域，与美国一争高下。这将决定中国对推进区域一体化项目和平台的态度。中国将面临如下选择：要么寻找可接受方案加入美国发起的联盟；要么专注于建立自己的且对美国封闭的自由贸易区（中国+东盟、上海合作组织以及可能的中日韩自贸区）和双边自由贸易协定。第一种选择存在中国从属于美国管理的风险；第二种选择的风险则是，中国的合作伙伴因某种政治和经济原因脱离中国而加入美国的管理区域。

日本的角色没那么显著，这主要由于其任务的双面性特点。一方面，日本将有意继续保持同美国的联盟以保证自身安全，另一方面则是竭力加强同本区域强国（首先是中国）之间的合作，并将其作为保证自身经济稳定增长的手段。此外，日本将继续反对大规模使用外来劳动力，反对将传统封闭领域对外来企业完全开放，这将成为日本在某些项目和平台框架下充分参与自由合作的阻碍。

东盟将对亚太区域一体化表现出极大的兴趣，但它不会成为一体化的火车头。东盟将把重点放在消除内部壁垒、推动内部合作上，同时致力于在东盟的基础上完善现有格局（东盟+3、区域全面经济合作伙伴关系等）。

在此条件下，亚太区域合作的最大平台（以参与国数量为标准）——亚太经合组织也无法将各种形式的多边合作和经济合作协调起来。而较小型的多边和双边协定以及双边合作调控机制，则将取得相对更大的成效。

与此同时，类似的次区域一体化项目，理论上本应在“大亚太地区”（亚太经合组织自由贸易区理念）的框架下建立自由贸易区，然而实际上此类一体化项目将不会相互协调，反而会互相竞争。

在这些竞争项目中，在经济活动规则深度自由化与统一化方面，成效最好的是“跨太平洋战略经济伙伴关系协议”（TPP）。在东盟框架下建立经济联盟会因联盟内的制度问题而停滞不前。因此尽管这个经济联盟会在未来长期内做务实运行，但其效果却不如 TPP 项目的效果明显。与此同时，中日韩三方建立自由贸易区的三边项目，长期来讲，将只在有限的形式上实现，因为其中仍隐含着大量的矛盾。

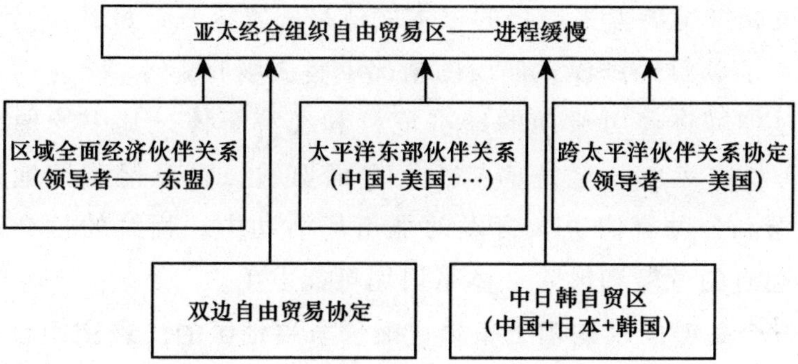

图 7.11　可能的区域一体化形式

同时一些新的理念将活跃起来，如太平洋东部伙伴关系的理念，另外还会出现一些行业合作，其中包括能源联盟、运输通信技术联盟等。在此情况下，出现货币联盟的可能性将取决于其他领域合作的增长势头。

2. 政治与安全

地区经济合作进程将导致现有的政治与安全失衡趋于复杂化。

一方面，在本区域中，美国和日本、韩国的军事政治联盟将会进一步巩固。另一方面，有中国和俄罗斯参与的对应或相似联盟还未出现。有中俄参与的军事政治联盟位于中亚和东欧地区（如集体安全条约组织)，它们与亚太地区的安全保障没有直接联系。

中期来看，如何建立亚太地区的集体安全体系将是热门话题。在此背景下，最具吸引力的观点是建立一个类似欧安组织的亚洲组织。这一想法能否实现取决于能否消除军事政治壁垒，以及能否减少本区域的局部冲突与对抗。

同时，一系列地区冲突将持续和（或）加深，这一趋势将保持下去，而这一问题的解决之道尚未出现。

亚太地区最尖锐的问题之一是朝鲜半岛的紧张局势，其中包括朝鲜政府实施的导弹核计划。试图利用本区域大国之间的谈判机制来解决这一问题将不会带来任何成效，因为这些大国之间的关系尤为复杂而且还存在冲突。

解决朝鲜半岛紧张局势的根本之道是国家统一，最具可行性的方式是在当前朝鲜经济模式崩溃的情况下将之吸收。

不过朝鲜将经历长期的经济危机和经济解体，其中的原因包括“灰色”和“黑色”经济的扩大，全面腐败，以及侵略性地诱导高官、党派和公民官僚进入自发的准市场活动中。朝鲜的社会政治体系带有固有的危险和风险，体系坍塌可能发生。

另一个关键问题是领土争端，毗邻争端地区的广袤空间也因此变成了问题空间。

最理想的解决方法是，在对争议领土的实际控制保持现状的情况下，对争议领土的历史地位有异议的争端参与国，共同开发争议领土和毗邻水域。与此同时，这些矛盾在未来10年是无法在协商一致的基础上解决的。在声索占有争议领土时要有其历史根据和其他根据，在保持这一原则性立场的情况下，未来20年，对折衷方案的探索将持续下去。

克服政治经济失衡就像处理领土争端一样，不会自动完成。要降低矛盾的尖锐度就要有新观念，首先要变换外交思维的基本范式。其中，对某种情景有利的原则性分歧和选择将取决于地域领导国家能否摒弃霸权和统治思想，转向最大程度符合全球化逻辑的新思想——责任。

亚太地区建立新型安全架构的关键因素一方面是中俄两国就安全问题开展的对话，另一方面则是美日韩之间的对话，以及中国能否参与战略稳定对话。

上述过程的背景将是地区主要国家中的国内政治进程。

在日本，传统保守派力量将在政治中占统治地位。同时，社会经济形势的恶化将对民主和经济形势带来消极影响，从而导致内部政治阶层主张的两极分化。日本党政系统格局中最有可能的变化将是下述情况之一：

（1）团结下一任执政党周围的反对势力；

（2）分裂和/或重组内部权力核心，建立能代表议会大多数的新党派。

不管是哪种情况，日本都会形成稳定的两党体系。同时，在中国复兴以及区域竞争加剧的背景下，日本全球化地位的下行轨道将导致日本民族主义和孤立主义势力的相对加强。

在朝鲜半岛，政治局势在很大程度上取决于未来15—20年，半岛两部分能否会在市场民主的基础上实现统一。南北方施政体系与社会经济体系有着根本性差异，这就需要朝鲜居民在长时段内适应新条件下的生活。社会政治、科学文化以及人文领域的一体化程度会逐渐加深，但很可能在过渡阶段，南北方在行政上是独立分开的。

区域内强大邻国对“巧实力”工具的应用，将对东南亚国家政治产生越来越大的影响。在充满各种矛盾以及政治进程不连续的条件下，东南亚国家的总体方向趋于最大程度容忍各种力量利用议会民主机制进行政治竞争。

区域内国家的社会和政治进程，将影响亚太地区的国际关系格局。

加强对亚太地区的关注将成为美国外交的长期路线。美国将致力于与该地区国家开展多层次合作关系——与战略盟友（日本、韩国），与友好伙伴（澳大利亚、菲律宾等），以及在某些领域与一些国家加强合作。

与中国的关系将呈现出竞争（包括强硬形式的竞争）与结构性

互动的结合。在尊重国际法和政治决策协商的原则基础上，美国将强调中国在维护地区稳定和安全议程中的重要性。

中国国际行为的主要趋势，将体现在其对解决边界问题日益增长的积极性上，包括捍卫国家在境外的利益，提出自己的国际议程和危机处理对策，建立新的世界体系结构，推行具有战略意义的项目（“丝绸之路经济带”“海上丝绸之路”等）。

同时，在国际关系中，中国将不会成为像美国一样的领导大国。传统观念将是中国外交积极性的抑制因素。老一代的做法将无法解决现有的世界问题，而与领先的市场民主之间的相互磨合也需要时间。

对中国而言，其对外政策的主要挑战将是制定出某种方案和机制，使国家利益和全球发展构想与其他地区参与者（尤其是美国、俄罗斯和东盟国家）的立场相适应。

日本的外交政策优先方向仍将服从于与美国的军事政治联盟，它将被视为日本领土安全的保证。同时，在联盟框架下，日本的权利与义务将逐渐扩大，这将导致双边协议中同盟国义务与作用的日益增加。

在军事方面，尽管日本有建立更加机动、分散、可更换军事力量的任务，但在日本领土上仍将保留大部分美军基地。因此，美国将继续对日本的国防和外交政策造成决定性的影响。

另一方面，在日本边界附近，安全领域不确定性的加强将推动其寻找在日美同盟框架下巩固自身安全的途径，其中包括提高自身实力，或通过其他双边或多边倡议的额外联盟。

日本政治阶层对更大的外交决策独立性的需求将会提高，这将保证其国防机构发挥更大的作用，以及逐步取消在第二次世界大战之后对日本军事领域的限制。

对日本而言，中国仍将是主要的战略挑战。两国不同战略目标和意图之间的矛盾，以及领土和历史问题的分歧，将在预测期内导致周期性危机。然而，由于两国社会经济形势的恶化，为了应对发展问题，两国对双边合作的需求可能会更加迫切。

韩国将继续贯彻多元外交方针，其主要的外交优先项是保证军事安全，为和平地将朝鲜融入大韩经济政治利益体系创造条件。

与此同时，如果朝鲜没有面临真正的内部危机，朝鲜领导人将保持自己当前的路线，即运用核导弹项目在大国间保持平衡，以获得无任何政治义务的经济援助。朝鲜的这种做法将缓解美俄关系的长期恶化。

东盟外交政策的重点是巩固其作为世界多极化中心之一的定位，其中包括借助各种资源，加强东盟在地区和国际发展中的影响力。然而，内部的集团异质性和成员国战略利益的差异将阻碍这些任务的完成。

在未来的20年里，在印度太平洋空间，印度将扮演举足轻重的角色，虽然印度并不在亚太范畴内。印度在亚太地区和印度洋地区的利益，集中在贸易（尤其是海上贸易）发展、吸引外资以及恢复快速经济增长方面。对外政策是保障印度国家内部发展的重要因素。因此，至少从中期来看，即10—15年，可以准确预测的是：印度对太平洋和印度洋这两个极其重要地区的坚定兴趣，其成功的活动将提升印度获得现实大国地位的机会。

印度在亚太地区地位的巩固将直接取决于以下因素：

（1）恢复经济增速至8%—9%，这将使印度政府实施更加积极的外交政策，应对国内和国际政治空间中反对派的批评；

（2）在南亚维持稳定的内部地区关系，尤其是与巴基斯坦的关系；

（3）扩大印度向阿富汗和中亚的进入，其目的是保障国家的未来发展，形成国家安全的外部轮廓。在美国从阿富汗撤军、卡尔扎伊下台的情况下，这将具有特殊意义。

印度政府在印度洋海域的主要战略目标有：

（1）通过积极发展对外经济关系、投资、外交以及与该地区重要大国建立战略伙伴关系网，扩大在整个印度洋地区的影响力；

（2）提高同非洲、中东和东南亚国家关系的内容和层次；运用经济外交工具和机制，因为一些印度洋国家拥有印度经济增长和发展所必要的原料矿产和能源；

（3）在国民和精英意识中，确立印度是印度洋海域国家中无可争议的领导者；

（4）印度要同在历史上对印度产生深远影响的重要国家（如新加坡、毛里求斯和阿曼）一道，逐渐扩大印度在该空间中加强相互安全关系中的影响力。

同时，在国内政治生活中，将城市和乡村中（主要人口增长将发生在等级社会中的下层）的新社会架构引入发展轨道中，迫使政治系统不停地寻找平衡点，即平衡主要社会政治力量的利益。由于印度社会中民族、宗教和次区域因素的多样性，印度政治系统转型为专制政体看上去可能性微乎其微。

（三）中国：建立自我区域空间的尝试

作为亚太地区的组成部分，从该空间的关系布局角度看，中国独树一帜地站在主要行为体之中。在亚太地区，作为区域互动关系网中的一员，随着其经济实力的增长，中国开始追求独立的权力中心和引力一极的角色。这反映在其参与地区多边一体化合作平台的谨慎态度上，在这些平台里，中国若不是起到领导作用，也是关键角色。这不仅与军事政治相关，同时也与经济关系相关。在经济关系领域里，中国表现出在最大范围对国际合作的兴趣，但实际上，中国极为谨慎地对待任何一个可能限制参与国主权（贸易投资、货币等方面）的多边协议。

这方面是可以解释通的。在制定该地区对外政策，尤其是对外经济政策时，中国致力于建设自己的区域外部空间。相较于在“大亚洲”或大欧亚空间中，中国在自己区域空间中的地位明显更高。

中国将把推进“丝绸之路经济带”这一长远倡议，视为布局该自我区域空间的主要工具。

1.“丝绸之路经济带”战略

据预计，到 2035 年前，在中国、中亚和欧洲空间的衔接点上，一个大型战略将会实现（虽然在某些方面有限），即所谓中国领导下的“丝绸之路经济带”。总的来说，在中国到欧洲的广袤空间中，双边条约和自由贸易区网络将得以运行，但该网络并不转变成一个全面的一体化联盟。建成商品、服务、人员流动的统一和自由空间，将面临诸多限制。

另外，就算2035年前该项目仅得到有限的实现，那也会带来深远的影响（图7.12）。

2035年，“丝绸之路经济带”的可能结果

- 中国产品销售市场的扩大。在中亚、欧亚经济联盟、东欧以及外高加索等地区的国家中创造中国工业产品的额外需求，将缓解中国过剩产能问题。
- 中国经济发展的动力。满足对中国工业产品的需求将支撑中国GDP的增长。
- 中国经济的现代化。在大型基础设施项目框架下，扩大需求将创造额外动力，增加高新技术产品产量，并提高该类产品在中国出口总量中的比重。
- 中国出口方向和结构的改变。美国和欧盟占中国出口总量的比例将会减少（但仍保持领先态势），而中亚、欧亚经济联盟、东欧以及外高加索等地区国家所占份额将会增长。
- 区域企业版图的改变。在实施中亚、欧亚经济联盟、东欧以及外高加索等地区国家的项目时，随着中国资金的投入，一批中国跨国企业以及中小型企业开始兴起。这些公司跟随项目领导者（基础设施项目建设）的步伐，为其提供咨询、贸易、技术、工程以及程序等支持。
- 中国内陆省份的再工业化。在中国内陆地区，将建造新的生产部门，销售方向主要面向中亚、欧亚经济联盟、东欧以及外高加索等地区的国家
- 国内迁移的减少。内部省份的发展将导致中国劳动移民数量减少，以及消费需求增多。这会导致沿海地区劳动力赤字和成本的上升，还会导致中国东部省份产品生产成本增加以及产品价格上升。中国东部地区生产增速可能会下降，而北部和西北部地区的生产速度则会增长。

图7.12　“丝绸之路经济带”战略实现的结果

到2035年之前，中国境内经济活动的经济地理定位将被夯实。各地区的工业特征、出口结构与方向，将根据运输经济走廊而确定下来（图7.13）。

该项目的主线将经过中国、哈萨克斯坦、俄罗斯、白俄罗斯、东欧国家以及中欧和西欧等国家。由于安全和稳定的问题，该项目的

其他支线在实施过程中将有所限制。

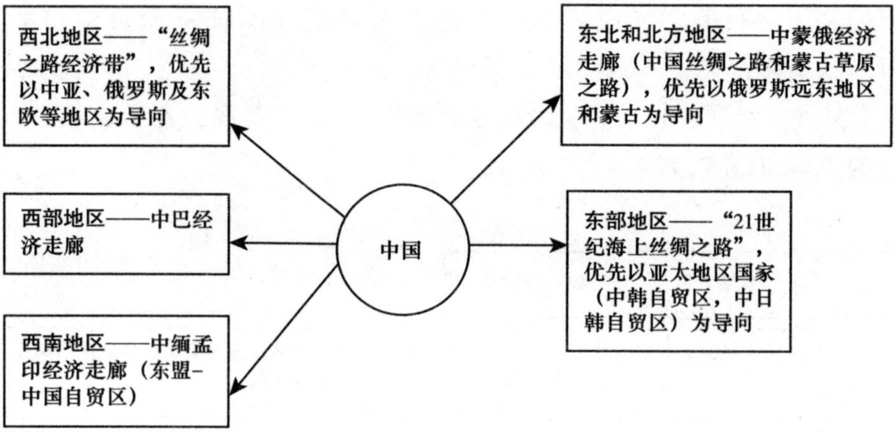

图 7.13 中国交通经济走廊

在经济地理区域化框架下，中国将进行其内部全球化（图 7.14）。先进的自由贸易区将扩展至毗邻地区和省份，形成相互交叉融合的工业圈，并将会出现许多大型城市和大型城市群。多层次结构将会形成：大型城市—工业圈—丝绸之路支线—自贸协定或区域性自贸区—全球经济。

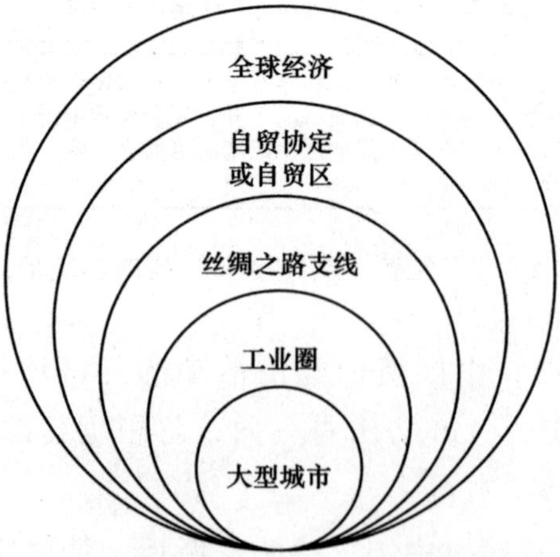

图 7.14 中国内部全球化进程

实现这一大型项目将整体提升中国大型公司及商业的效率。邀请日本、韩国公司和投资者参与某些私人项目，将有助于获得新条件下运用全球报告制度的工作经验。这可能会使中国企业完成在节能、软件、通讯及交通领域的实用科技方面的突破。

该项目还将提高人民币的国际地位，使人民币与主要国际货币一起被广泛使用。

整体而言，“丝绸之路”空间不会有意进行硬性的超国家调整，虽然调整可以促进国家经济的相互渗透。其空间结构仍将较为灵活并以单独项目为基础，但趋向某些国家规范的调整。在保证谈判机制有效性的条件下，大型项目不仅可以成为中国经济发展的驱动力，还可以成为项目其他参与国的经济引擎。

在安全领域，“丝绸之路经济带”的实施将降低军事冲突的概率，促进合作的深化。该项目能够维护中国与邻国及项目参与国之间的良好关系，尤其是日本、韩国和一些东盟国家。原因在于，为了项目的成功，中国将展现出更多诚意和妥协意愿。中国在捍卫自己利益时的冒险行为将同时受到限制，因为这将使项目实施处于威胁之中。竞争国家间在国家层面上的对抗将有所缓和，但商业层面的对抗将会加剧。

2. 中美关系战略

中国建设自我区域空间的另一方向将是中美关系的实质转型。

整体上，在预测期内，中美关系将处于“紧张的伙伴关系”阶段。

在此情况下，一方面，双方都将相当迅速地在质和量两个维度上，增强自己的实力，扩大在周边空间的存在。另一方面，双方将继续尝试寻找彼此接受的妥协与协调，在承认双方建设性合作的重要性和有益性基础上，确定两国关系的新类型。双方的经济联系也将同时得以巩固。无论是美国还是中国都不愿激化关系，但这并不能保证该地区完全和平地发展。这在较大程度上取决于双方能否就最尖锐的问题达成理性妥协。

在预测期的前半段（2025 年前），双方将遵循彼此以及亚太地区整体制定的方针——双方压力的相对“非对抗性”增加，不快速加剧两国的军事政治行动。

对中国来说，循序渐进地不断扩大自己在该地区的军事影响力，是将经济实力转换为军事政治实力的传统办法。中国将继续采取“切香肠”战术，一步一步地巩固自己的地位，依次解决与邻国的问题。

美国将扩大军力，加强军事基础设施，依靠新老亚洲盟友加强自己的地位，并针对中国不断提高的实力建立集体（不必是集团的）平衡机制，以避免与中国发生直接冲突。鉴于加强地区军事存在所需要解决的任务规模（海军和其他军事力量的转移、准备必须的基础设施、制定相应的战术和策略、取得同盟国的相互谅解等），以及不断增长的财政困难，这将花费大量时间。

由于完善“重返”亚太的所有必要措施（按照美国的计划）需要至少10年时间，因此，到2025年，我们才可以说力量和整个军事政治局面的平衡发生了真正改变，以及中美关系具有了新的特点。

到预测期后半段（2025—2035年），双方将根据地区内局势的变化，制定新的军事和政治关系法则。除此之外的选择只能是地区紧张的加强和直接军事冲突威胁的增加。面对这种威胁，双方仍将努力通过谈判来解决最尖锐的问题。

到预测期末期（2035年），新的地区安全和国际安全体系将会形成，中美之间的协调一致将成为体系的核心。

这尤其与整个预测期内中国核武潜力的不断增强息息相关。到2025年，中国将拥有遏制美国的最小能力——向世界任何地方发射几十枚核弹头，包括美国本土。到2035年，这个数量将达到几百枚（包括陆基和海基），中国的核武器将超过美国或者俄罗斯。

仅通过收集有关中国核武计划的客观信息，美国未必能够对称地回应中国在核领域的行动，所以需要通过双边谈判签署相应协议。如果美国和俄罗斯停止执行（不延期或取消）现行的协议（2010年进攻性战略武器协议、中近程导弹无限期条约），局势会发生重大转变。到2035年，可以期待在美国、俄罗斯、中国三边基础上解决核武器监控问题。然而该领域的具体协议到2035年未必能够达成。

在常规武器领域，中美最激烈的角逐体现在海军方面。中国的军事建设可以分为两个阶段。第一个阶段（大约2025—2030年）在很大程度上将表现为依靠本国（外来）技术，完善武器质量。第二个阶段（到2035年及以后），建设具有世界领先大国水平的武装力量。

科研领域的大量投入将促进这一发展。该投资的主要效果（以新型武器和军事技术的形式），将出现在大约25年之后。尽管中国在科研领域的投资总额暂时落后于美国，但根据这一指数的高增速（每年达到20%）可以判定，如果保持这一速度，中国到2025年便能赶上美国。

因此，到预测期末期（2035年），中国将在尝试限制其势力范围的情况下给美国造成一些严重问题。尤其在中国邻近海域。

即使美国成功将自己的大部分舰队（60%）转移到亚太地区（预测期的第一个阶段末），到2025年，中国也能大幅提升自己的实力。这将包括建造航空母舰（到2025年中国舰队将拥有2—3艘航空母舰，到2035年将拥有4—6艘）和武装力量整合。

最新武器系统也是中美军事竞争的领域之一，例如无人机和其他设备、超音速导弹技术（巡航导弹）、激光武器、机器人技术等。中国已经掌握了这些领域的主要技术，并积极地将这些技术应用到武装力量中。中美两国都有研究反卫星武器的能力，并在可预见的未来加以实现。

网络空间是两国军事竞争的新领域之一。中国将在这一领域表现出很高的积极性，且这一积极性在整个预测期内将持续提高。

最后，到2035年，中国军队将成为现代武器装备水平第二的国家（仅次于美国），并将继续缩小与美国（在感到自己落后的领域）的差距。

第八章　世界中的俄罗斯——战略建议

研究结果显示，全球趋势在为俄罗斯带来新挑战和新机遇的同时，也带来了新风险。

一、新风险与新挑战

和许多其他国家一样，俄罗斯迫在眉睫的风险是没有将本国经济和政治生活同现有趋势相结合，并因此在21世纪初形成的世界发展过程中处于被动地位。

新的发展模式与变化条件下的技术进步和生活中不断扩大的创新息息相关，它会大幅提升知识和所有无形资产（精神财富）在保障经济增长、社会政治和国际关系领域中的作用。

危险在于，如果初步形成的趋势是稳定且长期的，那么领导国家与其他国家的脱节将会变成世界发展的决定因素，这些领导国家能够在全球范围内享有通过知识产权和无形资产获得的不断增长的收入，由精神财富获得的收入比有形资产获得的多，并且能够获得来自其他各国的收入。在保障稳定的高水平生活条件下，发达国家精神财富的利润增长将支撑连续不断的投资进程，而随着所使用技术复杂性的增长，各国家在科技发展水平方面将更加脱节，这种现象在短期内无法克服。先进国家享受着创新革命的成果，而落后国家只能徘徊在世界经济和其他领域的边缘，如世界政治（“世界”一词没有分量可言）、社会领域（无法解决其他国家能够解决的居民问题)、科教领域（无法设定标准，无法获得国际承认）等。

由于俄罗斯的综合国力——经济实力和工艺实力较弱，所以俄罗斯暂时还不是领导国家，俄罗斯现在面临的威胁将成为其未来20年发展的主要风险。

在观念、工艺与制度领域，俄罗斯失去与领导地位相关的红利，这种可能性很高，且不能被忽视。俄罗斯有处于世界边缘的危险，这意味着她将丧失按自我利益（经济、社会和认识上的利益）积极影响世界发展的能力。

俄罗斯面临的挑战是未来行走在全球创新变革的边缘，战胜这一挑战要求它在一众全球角色中拥有自己的突破战略，即形成和实现具有吸引力且有效的国家发展模式。

同时，在每个领域里都存在独特的挑战，这些挑战会给俄罗斯带来一定的风险。

（一）意识形态

俄罗斯在意识形态领域的挑战就是必须同国际舞台上增长的思想和行为冲突类型相抗衡，这种增长将导致国家和社会独立，使各国之间产生难以克服的分裂、摩擦和冲突。

如今，在世界体制中占有重要地位的国家也没能避免这一现象，其中包括美国。在政治、社会和文化制度全面危机的背景下，全球领导的构想、全面“吸引”国家加入俄罗斯现有世界体系的构想，需要跨过下面两方面的细微界限：一是机会主义地采用当前在很大程度上已经过时且无生命力的世界秩序规则，二是否定制定统一规范和价值观的必要性。

在可预见的将来，意识形态和宗教多元主义将保留下来，但这二者不能也不应该成为虚无主义地否定人文价值观和自然原则的理由。这些价值观和原则建立的基础是尊重人权、不同派别和层次间权力的民主分配、政权更叠和社会制度对政权的监督。

在思想世界里，俄罗斯所面临的另一个挑战是宗教极端主义和宗教偏执，以及某些宗教组织代表企图控制世俗社会——教育系统、文化生活、行政工作。虽然，我们传统上把受宗教极端主义唆使的恐怖主义看作主要威胁，但恐怖主义只是宗教偏执的极端表现形式。较为缓和的宗教偏执表现为暗中破坏国家的世俗非意识形态特征，并试图将国家转变成宗教思想的传播者。对俄罗斯来说，长远而言，某些宗教团体或组织可能是很大的威胁，尤其在削弱国家对于（不同类型和层次的）影子政权结构的能力与影响方面。

还对俄罗斯有一定危险性的是，某些势力试图利用意识形态指令和模版，从外部影响国家政治生活，非法从外部干预国家政治竞争和某些国家级决策的游说过程。然而，在建立防御这种威胁的系统时出现了一种额外的风险，其形式是引诱政权不限制对内部政治竞争的外部干涉，却限制这种竞争。在意识形态领域，可以采取禁止的形式，但禁止的不是非法利用意识形态来掩护政治操纵，而是禁止那些（似乎自始至终就是作为对国家政治生活实施外部控制的手段和武器的）意识形态。

在国际关系中，所谓“软实力”或“巧实力”的作用有所提高，从这一角度看，上述挑战在思想领域中具有较高的尖锐度和现实性。从权力资源分配角度来讲，大小不一、彼此独立、相互影响的网状结构，将替代具有严格等级的金字塔结构。思想世界中的影响程度，则由关系网中的连通程度，以及影响主体在该关系网中所占据的地位所决定。这个地位越好越有利，允许建立和连接的关系数量越多，主体在整个系统中占的比重就越大，也就有更多的可能自己决定并创建讨论和行动的议程。

相应地，在世界政治中，局势正在发生急剧变化，这种变化有利于那些有能力自己积蓄物力和财力，并且能够高效地利用这些资源来影响其他国际主体的行为体。这使其能够最大程度地将其他力量和资源，利用在反映其自我优先项的议程中。通过这些间接手段所能动用的资源和能源的总和，将超过其自我能力几倍，也能产生在传统全球格局和国际政治模式中完全无法达到的效果。

为了在世界网状结构中占据中心地位，不仅要拥有先前在世界体系主导地位获得的资源和利益，同时还要获得“软作用”工具及其优势，提出具有吸引力的思想和概念。这些思想观念能够扩大和加强已有联系，并使接受方对这些智力产品的来源和提供者产生依赖性。为此，影响主体应建立具有吸引力的竞争价值体系，采用能使人产生共鸣并给人带来共存舒适感的意识形态，而不是让人产生恐惧。

长远来看，建立该体系是俄罗斯最重要的挑战之一，且不仅在思想领域，还在国际关系领域。

（二）研究、开发与创新

研究、开发和创新领域的重要挑战，与俄罗斯创造、传播以及有效利用创新“突破”能力的不足息息相关，这些突破不仅是领导国家的重要因素，也是新条件下国家正常发展的关键因素。相应内部机制的缺乏，注定会导致开发国外创新产品和创造自我突破性创新的复杂性，这将导致俄罗斯同其他国家在经济效率、社会经济指标增速和质量方面的差距，其中包括不断增长的“数字鸿沟”，它是减少系统性优化能力的因素。

具体的行业挑战包括以下方面。

（1）俄罗斯机械制造业竞争力的下降，其原因在于：

一是较低的服务密集程度，包括薄弱的中小型企业发展和较低的国际化水平；

二是虽然有“策源地”现代化战略（到2023年前），但是价格优势下降、产品和服务的工艺精度降低；

三是先进数字设计、3D等系统推广的落后；

四是发展中国家创新生产的大规模发展。

（2）制度不完善和与发达国家关系的恶化，严重限制了信息通信技术的发展。

（3）由于领导国（其能源密集度正在减少）能源、机械制造和采掘工业的创新改革，以及来自（已经步入工业周期的）发展中国家的竞争加强，俄罗斯作为能源、冶金产品、原料产品和低端半成品出口国，其收入和利润的降低。

（4）从21世纪20年代中期开始，工业、基础设施等领域将被迫加速采用先进创新手段和解决方案，这将给俄罗斯带来负面的社会经济影响，特别是由于新兴产业不能吸收人数众多的就业大军，结构性失业将增加。

框架性挑战又加剧了具体的挑战。国际问题和不合理的制度一起，将减缓俄罗斯技能中心的建立、向全球网络的融入以及加入新全球产业链的进程。尽管世界创新进程的开放性在提高，即进入上述系统的途径仍然存在，但到21世纪20年代中期，潜在的市场领域几乎将被填满。

在此情况下，由于俄罗斯高科技产品和知识密集型服务业的份额不大，所以其影响世界创新进程的可能性也不是很大。所以俄罗斯务必按照全球趋势、标准和制度等进行调整，这意味着更高的发展成本，其中包括交易成本。

由于俄罗斯在全球进程中影响小、吸引度低，在21世纪20年代下半段之前，全球化和国际化的协同效应还不能充分显露，同时全球进程中存在的风险（如竞争力下降、“科技人才流失”等）将依然突出。

外国单位和契约方对最具创造力的科学家、创新者和商人吸引力的增加会导致制度问题和市场问题的加剧，结果造成智力资产和人才的流失，即使他们身在俄罗斯。

这些挑战一并引起了管理风险，即始于21世纪20年代初期的创新国家主义新浪潮的威胁，它是对技术落后的病态反应。这会导致上述挑战的加强，时间和资源的损耗以及俄罗斯在全球进程中的进一步落后。

在21世纪20年代下半段之前必然发生的是：创新发展规范与制度的协调化，调整同国际集团和新一代创新契约人的对接。这将以结构性改革必要性的形式，给制度、技能和实践的引进和在地化带来挑战。20世纪90年代的经验表明，这个具有资源密集型特点的任务，需要精英的高度创造力和敏锐性，以及强大的社会政治共识。

如果不能克服制度挑战，从经济动力和创新强度角度看，俄罗斯有落入创新半边缘地带的危险。除此之外，俄罗斯实施非创新方案将导致对外经济政治活动资源的进一步减少、“软实力”削弱，俄罗斯对世界进程的影响也将进一步降低。

（三）经济

在经济领域，俄罗斯作为世界经济的组成部分将遭遇一些外部挑战。

要加强在世界市场中的竞争力，形成新的全球调节机制，需要俄罗斯内外经济政策的相应调整，并更多地关注经济增长质量而非数量。

俄罗斯当前的任务不仅有商业的技术革新，还有发展农业原料产业（包括燃料动力综合体、农工综合体和林业经济）。

在先进国家和快速发展的发展中国家，技术更新进程被推迟且远没有达到目标。国内高新技术生产者潜力不足，对外国技术的依赖性增强。作为国内型材产品垄断者的俄罗斯大型公司，在企业生产能力方面仍逊色于领导国家，而且非生产成本过多、市场上没有稳定的流通股票（大型原料企业除外）。

由于各种各样的生产性原因和制度性原因，外国投资者和先进技术拥有者对俄罗斯市场不再感兴趣。公司结构封闭限制了外国投资者在俄罗斯市场的投资积极性。诸多因素既抑制了俄罗斯企业的战略创新积极性又限制了实行高效“追赶”战略的能力。

近些年俄罗斯落后的风险可能会加剧，因为：

（1）大部分俄罗斯出口产品领域正在进行技术改进，这些改进将减少国内企业在国外市场销售产品的机会；

（2）缺乏有效的军民转化制度，以及双元性创新；

（3）新标准正在进行法律确立（其中包括生态标准），这会为俄罗斯生产商带来额外的麻烦，特别对于化学工业和石油化学工业的生产商而言；

（4）再从长期来看，在创新竞争中的接连失利，将造成一系列行业的落后现象（特种机械制造和药学）

原料综合体一直是俄罗斯最重要的竞争优势，其风险因素与俄罗斯出口传统产品的需求度息息相关，尤其是石油天然气的价格。几乎可以肯定地说，当下10年，世界经济在该领域的主要趋势将是：

（1）随着新技术的使用，非传统和可替代能源的生产量将会增加，这在很大程度上能够提高能源市场的竞争烈度；

（2）单位国内生产总值能耗降低，但比2001—2010年降低速度缓慢得多，能源消耗增多；

（3）能源市场加速转变为“买方市场”。

在这些条件下，俄罗斯经济还存在以下新挑战。

（1）在人口老龄化、全球能源价格降低的条件下，俄罗斯经济的竞争力急剧下降。这种现象和以下过程息息相关：

一是资本密集型节能技术手段落后于主要发展中国家；

二是优质人才持续外流；

三是无选择性的移民政策，导致非熟练劳动力的大量涌入；

四是投资资金获得性急剧下降，外国资金流入滞停，制裁条件下技术进口被限制。

（2）全球能源价格降低使预算收入稳步下降。在全球转入使用节能技术和替代性能源（包括可再生能源）的情况下，俄罗斯保持原料经济导向是出现该挑战的背景。额外的风险是原料游说集团对经济决策的支配性影响。

（3）缺乏对新技术解决方案的需求。这种情况是由大型国有公司控制俄罗斯经济结构引起的（这些公司不需要通过创新来保障其稳定的市场地位）。另一个原因是，经济危机使中产阶级收入减少，以及政治精英对中小型企业的批评态度，并认为中产阶级是政治“不稳定”的潜在原因。

（4）俄罗斯投资吸引力下降。出现这种情况是由于国家调节系统不完善；俄罗斯不参加贸易投资自由化的多边倡议；建立完整的生产周期政策，而非全球价值链（和/或者加入相应的全球产业链），贸易保护主义趋势的加快使这种现象更加严重；与经合组织合作的中止；全球经济进程监管机构对俄罗斯的抵制（其中包括二十国集团）。

（5）贸易政策方面，美国—欧洲自贸区很可能建立，跨太平洋伙伴关系中的贸易投资自由化机制也将形成。

（四）社会领域

在社会劳动力领域，俄罗斯也不可避免地面临一些挑战，这不仅因为经济形势恶化，还由于社会劳动领域里许多尚未解决的结构性问题。受经济形势恶化的影响，劳动密集型企业的就业率可能会下降，主要在贸易和建筑行业（占正规经济总就业人数逾25%）。

结构性问题仍然是俄罗斯面临的最重要挑战，必须消除工资待遇的不平衡现象，建立更有效的社会就业结构，创建更平等的劳动关系。

出现以下情况时劳动力市场和就业方面的结构性改革才算成功，一是过时的没有竞争力的生产部门被取代，二是国家和企业有能力提供足够数量的工作岗位，同时有足够数量的工人来从事这些工作。

第一个任务的完成蕴藏着风险。虽然这些风险不那么明显地威胁着国家当前社会经济和政治的稳定，但是具有战略性和长期性特点。其中一个风险是，居民对工作岗位的需求量很大，而高科技经济的劳动力密集程度较低。在创新经济条件下，失业率的快速增长会导致一系列管理挑战出现，只有制定一系列经济发展战略计划，才能有效地应对这些挑战。

第二个任务的前提是教育系统改革，以及劳动力（尤其是年轻人）新偏好和目标的建立。能促进俄罗斯经济现代化进程的部门（包括科研部门、教育部门以及制造业部门）应该能够吸引年轻人和文化程度较高的劳动力。这时，要使劳动市场的改革成功，改革要具有综合性特点，并且要在保持就业稳定和实行规模宏大的经济转型之间实现有效平衡。

某些风险和挑战同劳动力移民有关，劳动移民能缓和人口锐减趋势（尽管是局部地）。21世纪二三十年代俄罗斯人口将继续减少，国家的经济增长、财政稳定、社会发展以及民族安全都将受到威胁。

一方面，世界不断增长的对外国专家和学生的竞争，会使那些原本流入俄罗斯的适应性更强的劳动移民和教育移民重新转移至欧盟国家。中亚具有很强伊斯兰教传统的后苏联国家仍然是俄罗斯劳动力的主要供应地，但这些国家劳动力的大量涌入将使民族文化发生巨大改变。外来文化群体的扩大，尤其是非法移民的集中，将带来在社会底层形成民族“殖民地”的危险，这些“殖民地”存在于国家统一的法律和文化范围之外，导致民族犯罪率升高、隔绝加剧、冲突积累的潜在可能。

另一方面，受移民的影响，种族和宗教恐惧、日常生活中和政治生活中的民族主义依然存在，甚至可能加剧。国家南部多民族地区的移民数量急剧增加，已超越极限，以及移民给劳动力市场和社会基础设施带来的压力是由种族间发生公开冲突引起的。激进思想的传播，尤其在年轻人之间，很有可能使当地居民和外来者做出极端主义行为或引发暴动。

在卫生领域，保障居民健康所面临的主要挑战，一是各个阶层居民不能享受到高水平的医疗服务；二是缺乏卫生拨款的多通道系统，该系统能保障基础医疗服务的全面实施；三是缺乏控制医疗服务费用增长的机制。

教育领域面临的主要挑战是，受过专业教育的年轻人数量呈稳步减少趋势。这成为农村居民和乡镇居民面临的主要问题，因为低收入使其支付不起路费、住房费用以及学习期间的饮食费用。这一切使居民开始怀疑教育的意义（提高社会地位、保障高收入就业）。

（五）国际安全

在新型两极化世界格局形成的情景下，国际安全危机将会较大，主要国家和（围绕中国和美国）联盟将重新洗牌。如果中国不能像20世纪70年代初的苏联那样承担起稳定时局的角色，这一情景将破坏世界安全。因此，无论中国和美国是相互接触还是相互对抗，俄罗斯作为中国的“小伙伴”都将呈现败势。俄罗斯不仅会同西方发生冲突，还会陷入同亚洲国家格格不入的危局。

当俄罗斯的世界经济政治作用下降，并同西方持续对抗时，对俄罗斯来说，国际关系多极化模式的继续虽然破坏性相对较少，但仍存在很大危险。而中国、印度及其他发展中大国将增强自己的国家实力、开展多边合作，其中包括同美国及其同盟国的合作。

未来20年，信息战的能力和规模将进一步扩大，形成包括影响敌国社会舆论和方针政策的信息公司，以及破坏对手信息管理系统运行的技术手段。它们将影响武装力量和重要经济部门的活动（网络战争）。

核弹药和核材料的侵占风险到2035年将持续存在，且这种风险可能会随着世界原子能的扩大及拥有核材料和核技术国家数量的增多（到2035年，其数量将从30个增长到45—50个）而越来越大。临界材料在不稳定或极端国家的扩散将使恐怖组织获得核爆装置的威胁具体化。

绝不能忽视的挑战是：俄罗斯精英做出故意脱离全球化的政治选择，出于自己的意识形态动机和自利动机（行政资源流失、失去对国家内部控制等），反对俄罗斯加入全球化。在与美国和欧盟关系危机的情况下，脱离全球化对俄罗斯是危险的并将带来以下风险：滑落到创新边缘的位置；原料经济模式固化；人力资本发展受阻。

一定的风险在于，在制裁战铺开的情况下，俄罗斯精英将倾向于有俄罗斯加入的区域一体化方案，特别是欧亚经济联盟，朝着封闭型区域主义方向发展。这并非是建立全球规则和结构道路上的一个阶段，而是一种反全球化和在封闭区域平台框架下与之隔离的尝试。

俄罗斯不加入全球化的后果将是上述区域项目将在不顾及俄罗斯利益的情况下发展，而在该过程中，全球新规则的制定也将不会顾及俄罗斯的意见。

二、新机遇

冷战结束后，作为世界发展即将到来的第二阶段的本质特点，世界经济和政治体系的全球性改革，将为包括俄罗斯在内的参与国提供大幅提高世界地位的新机遇。如果国家、经济和社会有能力探索并找到问题的合理解决方案，也有能力保障本国生产力的快速发展，在这方面的进步不仅能阻止不利于俄罗斯的最差世界发展情景的出现，而且能相应地应对上述挑战。

开放的机遇主要与世界经济未来的结构改革有关，尤其是在新兴的知识密集型产业和领域中，某些公司和地区竞争力的提高，显著快于20世纪工业经济模式下的速度。

这种新型经济致力于在蓬勃发展的知识密集型产品（包括服务）市场中占据更多的份额。因此，与20世纪下半叶广泛实行的经典“工业政策”相比，有针对性地鼓励新型经济增长，很可能将带来更大的效果。

世界经济的信息化和智能化进程，以及科学密集型服务的国际化将为新一代俄罗斯企业（主要是信息技术领域）的增长创造条件。俄罗斯企业的发展潜力取决于，是否有强大的国家信息通讯技术部门（公司、团体、教育系统）做支撑。这些部门应该拥有国际联系和经验，并对资本的要求较低，且因一系列过程的自动化而减低对劳动密集程度的要求。

除了传统的信息产品（俄罗斯生产者的机遇依靠市场快速增长），细分市场更光明的前景存在于新产业和那些大量未决的任务和问题方向上。这不仅涉及专门软件及其他产品（至少是平台和综合解决方案）的研发，还涉及复杂外包（在典型问题的解决和产品定位范围之外）。特别是有利条件存在于物联网和生产数字化领域。俄罗斯能源和工业现代化的广阔机遇将创造锚定需求，而远程服务、数字化数据库等商品模式的出现，则将创造新的大容量市场。

俄罗斯的机遇在于合同制的研发、工程、远程教育服务等领域的市场。其他“机会之窗”是创造和出口不同形式的无形资产，包括发展中国家要求的创造性资本（产品、品牌概念的设计等）。

灵活的全球产业链布局，利用世界技能中心、外部科研所、合同生产及其他创新资源和资产，这些能力将为创新型中型企业的发展创造一定的机会（其中包括生产型企业）。可能会出现一种建立在俄罗斯大型公司基础上的准跨国公司，这些大型公司拥有系统的一体化中枢、复杂的服务和产品供应商。

总体而言，在预测期结束之时，创新发展的新趋势将给俄罗斯带来步入新发展周期的历史性机会，并在先进知识密集型服务业周围形成知识经济的“核心”。

21 世纪 20 年代下半段起，即便在缺少人员保障和投资赤字的情况下，工业型高科技解决方案可获得性提高，以及新兴制造业劳动密集程度急剧下降（其中包括低熟练和高熟练劳动力工资的降低），将为俄罗斯局部再工业化和策源地新工业化创造条件。而且，这些进程的结合以及新工业化经济的增长，将提升俄罗斯的出口潜力，至少是某些特定产品线的出口潜力。

提高创新和科学的“开放性”、开展远程教育、增强专业技能等措施，将为提升人员潜能和创新发展水平，以及知识、技能和实践的转移提供机会，并部分替代专家、技术人员和创新者的暂时性移民（以苏联、当下中国和印度为例）和外国投资的创新工艺。同时，全球分布的创新融资手段，将部分解决中小型企业的资金不足问题。

在此情况下，发展农业原料综合体所需要的已有储备能够被合理使用，尤其在可再生资源的生产中（农业和林业综合体）。在预测期，农业经济的发展可能成为俄罗斯改善生活质量的主要手段，并形成生产力优化的市场杠杆。从出口角度看，农工综合体的意义将在长时段内与燃料动力综合体分庭抗礼。

矿物原料储备的开采，主要与效率的提高有关。在燃料动力综合体方面，这里指的是原油采收率的提高、轻质石油产品的产出、石油化学的发展以及该产业劳动生产率的提高。而在对外经济层面，则体现为出口供应的进一步多样化、销售政策更灵活以及吸引外资更加积极。

原料产业对经济发展的贡献能够提高，但要依靠原料公司提高对俄罗斯采矿设备工艺和生产研发的投资。

鉴于全球经济活力将进一步向亚太地区转移，在通向亚太的俄罗斯地区创造工业、农业和科技能力，应当成为最大的地区项目。

虽然这个计划的实施在预测期框架之外，但是若没有这个计划，俄罗斯不可能完全显示出其地理位置优势。实现这一计划要求俄罗斯太平洋地区同美国、日本、韩国、越南及其他东南亚国家的贸易投资关系集约化。从优化移民政策角度，上述人员来源多样化则要求平衡和中和移民流可能引起的负面社会后果。

在贸易政策方面，没有加入旨在推进贸易和投资自由化的新组织（跨太平洋伙伴关系、跨大西洋贸易与投资伙伴关系）的遗憾，可以通过同欧盟建立自由贸易区得到部分补偿。而在东方，则可以依靠上海合作组织的扩容，以及与亚太某些国家的双边自由贸易协议。

为了应对由大规模劳动移民引起的挑战，需要制定积极的针对未来的选择性移民政策——民族成分多样化政策、外来人口全国分布政策、所需工作人员和学生的吸引政策、移民融入俄国社会政策、专家安置政策，并坚决打击非法移民。

这些措施的实施会引起社会生活其他领域的改革和俄罗斯居民自我认同（作为特殊的历史性共同体）的加强。

国际安全领域需要更大的努力，朝更有利于俄罗斯的形势发展——回归在某种程度上稳定的多极化模式，按“里斯本—符拉迪沃斯托克”模式打造经济政治一体化空间。在该情景下，俄罗斯能够且务必发展与所有新兴国家的广泛合作。

同时，全球和地区权力中心的构成，以及它们的“比重”分配，不可避免地将发生一定变化，但在主要政治主体的相互关系中，合作将多于对抗。

三、实现机遇的外部条件

在预测期前半段，实现上述有利情景的外部条件很可能是负面的。

从实现俄罗斯利益的中长期评估来看，“坏消息”正在于此。

因此，与主要国家对抗性情绪和立场的加强，将导致外部世界对俄罗斯内部进程和对外政策产生负面认知。2000—2005年间，俄罗斯同西方关系的政治危机已经催生出能长期影响双方关系的因素。俄罗斯在后苏联空间的地位，特别是在未来解决乌克兰问题中，将成为长时段甚至是几年内纠纷和谴责的对象。

中国国际影响力的提升将改变世界多极化结构（这种情况不利于俄罗斯）。俄罗斯经济水平落后于中国的情况将更加严重，并形成让俄罗斯不舒适的情况。中美关系将占据世界政治中的主导地位。在中国核实力不断加强的背景下，中美战略稳定对话将逐渐限制俄罗斯在传统领域（核武器领域）的领导地位。

中俄互动将表现出明确界限。这些界限由中国（想要成为新的世界领导国家）的战略利益所决定，因此，同其他国家的关系取决于它们能在多大程度上促进中国的上升。中国仍将把俄罗斯看作经济和军事技术合作伙伴（从俄罗斯进口军事技术），然而在政治上，与其说中国为俄罗斯利益牺牲中美关系，不如说中国利用“俄国版图”加强自己同美国的谈判地位。

中国将有意维护自己在（不以美国为核心的）国际组织中的领导地位，如：金砖国家、上海合作组织、亚信会议、“丝绸之路经济带”、亚洲基础设施投资银行等。国外项目的大规模资金供应（今天的中国能够独自做到）可以为中国“走出去”政策的成功奠定基础。俄罗斯也将艰难地在自己与西方的利益博弈中运用这些国际机制。

然而，到预测期中期，国际安全领域负面因素的累积将导致国际关系发展轨迹朝着有利于俄罗斯的方向发生改变。“好消息”正在于此。

全球性问题对大多数国家的意义正在增大，解决这些问题需要共同努力，包括保障核安全问题、对抗恐怖主义等，这将削弱俄罗斯与西方国家在后苏联空间的竞争因素。即使在乌克兰问题未决的情况下，俄罗斯与西方也将开始建立新的合作形式。世界政治精英们将开始支持非对立思想，探索新的全球性妥协。

这一进程的促进因素将是国际政治从使用“硬实力”向使用“巧实力”工具的进步。

在国际竞争中，国家求取影响力和相应利益的方式将发生转移，从物质实力（军事力量及其使用能力、技术实力和财力）向更“柔软的”智力工具和资产转移。“巧实力”的优势成为最重要的竞争优势之一，并被所有大国广泛利用，这些国家将利用发达的经济智力部门，在世界政治和区域政治中追求重要的地位。

亚太地区将在加快俄罗斯和西方国家建立新合作方面起到重要作用，俄罗斯已经通过与该地区的大多数国家的合作将乌克兰冲突的影响降至最低。

共同的安全利益、区域经济利益和创新发展利益，将有助于保持和扩大亚太地区国家（包括美国）与俄罗斯的合作关系。这甚至可以发生在没有调整对欧关系的情况下。类似的，虽然俄日领土问题未决，但不会阻碍两国在其他领域的合作。如果将中美关系扩大到中美俄三角关系，那么俄罗斯则有机会改变中美关系的发展逻辑。

未来15至20年里，新生经济联盟和一体化平台的发展（包括有中国的参与），将成为新互动模式建立的经济引擎。

四、未来世界中的俄罗斯

对俄罗斯主要的战略建议是，在未来20年中，它需要在全球发展新阶段中找到适合自己的位置和角色。

这意味着，首先要保持并提高俄罗斯在世界权力阶梯中的位置与责任，其基础是经济结构性改革，工艺水平的提升，以及在全球市场中找到新的、更具前景的细分领域。这将为提高俄罗斯在区域和全球事务中的政治地位创造条件，使俄罗斯能够去追求全球领导国家之一的角色。

为此，务必根本性地转变劳动生产率，其基础是俄罗斯原料综合体的技术更新，交通基础设施的发展和现代化，最主要的是，用原料出口的收入来推动高新科技生产的增长，刺激以全球市场快速扩张的新兴行业为导向的产业发展。

对俄罗斯尤其重要的是，尽管在预测期上半段存在不利的外部条件，但仍要避免自我孤立和闭关自守的经济政策，矢志不渝地探索深化与周边世界经济、政治互动的方法。

该进程的其中一部分是着力参与构建新的世界结构和全球化制度，制定积极的区域主义战略，在这一战略中不仅存在传统参与者（美国与欧盟），还有中国。

由于俄罗斯在后苏联空间中的角色，以及未来乌克兰及毗邻领土问题，俄罗斯同西方国家的政治冲突将不可避免地呈现持久性的特点。鉴于此，在预测期的上半阶段，俄罗斯的重点应该是在亚太地区寻找建设性的国际合作之路，其中包括在此建立多边经济合作平台。

首先，这些平台是根据倡议并在中国（“丝绸之路经济带”、一系列多边投资机构——银行和基金）和东盟（区域全面经济伙伴关系、东亚峰会等）的参与下建立的。俄罗斯将积极融入集体工作，参与制定作为未来新全球化进程一部分的新型开放式区域主义的制度和结构，而且，政治因素不会在其中成为阻碍。

同时，必须认清的是，在这一方向上俄罗斯一方面会遭到美国的反对，包括对深入俄罗斯经济的亚洲大型企业和金融机构进行制裁，另一方面会遇到中国的矛盾心理。中国的战略利益不仅与内部发展的优先方向有关，还与提高自身国际地位有关，这使得中国将和美国建立特殊的关系。相应地，同俄罗斯合作的吸引力，包括中国和其他亚洲合作伙伴参与俄罗斯发展的条件，应当胜过它们受到美国罚款制裁的风险。

为此，必须采取措施放宽来自亚太资本对俄罗斯经济的准入政策，首先是对俄罗斯东部地区的投资。俄罗斯远东地区的战略吸引力要求更大的开放性和更多的投资（其中包括在“丝绸之路经济带”和俄罗斯地区发展项目战略对接框架下的来自中国和俄罗斯的投资）。

同时，东方维度的重要性不断上升，要求俄罗斯迈出新的外交步伐。俄罗斯应表现出自己是亚太重要问题（领土问题、朝鲜核问题、历史遗留问题等）的利益攸关方。

长远来看，与中国和其他亚太国家的合作不能仅是与西方国家互动的战略备选项。

随着俄罗斯与西方政治对抗激烈阶段的结束，探索恢复互信的方法并为合作创造条件将成为首要任务。

在冷战结束后全球发展新阶段中，俄罗斯的主要努力应当放在制定议程，以便与西方进行可能的积极互动。

为此，对俄罗斯来说最重要的是，最大程度地采用“巧实力”因素，这不仅能够优化俄罗斯的国际形象，同时也将在伙伴关系中推动自己的议程，使俄罗斯在长远的未来成为制定世界秩序新规则的有效参与者。

译后跋

如何准确判断未来的发展情景，以便最大限度地适应或影响其走势，服务于自身利益，从来都是主要大国的重要理论和实践命题。但意识到战略预测的必要性和重要性是一回事，真正做到较为精准的预测却殊为不易。足以载入史册的经典案例是苏联解体。在这一超级大国日益不堪重负并最终走向崩溃的历史时刻，几乎没有学者专家预见到。多米尼克·列文等少数判断出苏联解体是必然，但其依据是帝国扩张的历史经验，并没有预测到作为帝国的苏联在什么时间点开始走向穷途末路。类似的案例也反复验证了曾因原子结构和原子辐射的研究获得1922年诺贝尔物理学奖的丹麦物理学家尼尔斯·波尔（Niels Henrik David Bohr）所洞察的结论——“预测本就极其复杂，特别是预测未来更加困难”。

后冷战时期的一个典型特征是全球化的兴起和拓展，这种处于加速状态的时空压缩意味着国际社会经历政治、经济和军事重大变革的频次加快，普遍的相互依赖性也日益成为国际关系的现实特征。另一方面，国际秩序的重构、国际体系的转型和权力转移的加速作为历史进程远未结束，这种过渡性进一步赋予了国际事务和主要力量中心相互博弈的复杂性。在此背景下，不确定性作为当前国际政治领域最大的确定性，已经成为各国战略界、学术界、实业界的基本共识。因此，牛顿式的因果分析预测路径，因过于关注单一结果的目标导向和直线式推测的逻辑，而非进行概率性的解释和评估，而更多被弃用。主流的战略预测方法基本都是建立在复杂性模型的基础上，在承认复杂系统内部系统和单元、单元和单元之间相互作用的前提下，对非线性的未来发展作出多元结果的有条件的情景分析。即便经常存在“预测困境”，但并不妨碍专业人士基于上述理念展开形形色色的战略预测。

俄罗斯科学院普里马科夫世界经济与国际关系研究所是世界知名智库，其战略预测的传统源于20世纪70年代初其苏联母体——科学院世界经济和国际关系研究所——研究出的一种原创的充分考虑国际事务复杂性的情景分析法。整个分析过程由三阶段组成：首先，将国际政治局势看作是带有独特内部结构和外部相互联系的整体动态体系（分支体系），对其进行情景描述；其次，在情景分析的基础上由众多专家单独或集体作出各类评估；最后，在全面总结这些专家评估的基础上制定分析报告。这种方法直至当下仍被广泛应用。苏联解体后，这一分析方法和传统得到了延续。

2011年7月，俄罗斯科学院普里马科夫世界经济与国际关系研究所推出了自己的重量级作品——《2030年全球战略预测》。项目主持人、俄罗斯科学院普里马科夫世界经济与国际关系研究所所长登金院士还牵头做了一份缩略版的研究报告，在该书正式出版前即呈送俄罗斯总统梅德韦杰夫，并获得了俄高层的高度评价，也赢得了其竞争对手，已连续推出2010年、2015年、2020年、2025年、2030年的全球趋势报告的美国国家情报委员会和大西洋委员会的尊重。大西洋委员会甚至主动邀请该所开展合作研究和发布联合预测报告。而本书的出版在某种程度上意味着，俄罗斯在全球战略预测领域，至少在2035年的世界大势问题上，要早于美国形成了自身的重要判断。

应该指出的是，预测未来从来都很困难，即便是在自然科学领域都远非轻而易举。不准确的预测才是常态，提高预测精度一直困惑着卷入其中的研究者。尤其是在社会科学领域，这种努力在人的有限理性以及注定发生的主客体交互效应的作用下只会面临比自然科学预测更为复杂的挑战。但无论如何，近年来国际学术界围绕复杂系统的研究进展使政治学家和国际关系理论工作者启发甚大，也使得政治科学家使用复杂性理论对本专业领域进行预测研究并提高准确率的可能性有所提高。在此意义上，《2035年的世界：全球预测》

的出版都是一件幸事。俄罗斯学者的努力和尝试可以作为一面镜子，帮助我们思考未来的国际大势将如何演变。

本书的翻译由我和俄罗斯科学院普里马科夫世界经济与国际关系研究所博士候选人华盾合作完成。我负责其中从前言到第三章部分，华盾负责四至八章。华盾是我在华东师范大学工作期间所带的研究生，现在又在普里马科夫所攻读博士学位，他的语言和研究能力都很出色，对该所的预测方法和知识体系理解深刻，也承担了书稿的初校工作，对本书的顺利翻译和出版作用巨大。当然，囿于我们水平有限，译文中不免错讹之处，还请读者与方家不吝批评指正。

此外，本书的出版自始至终都得到了时事出版社苏绣芳副总编的热情支持和关心，责任编辑王力等出版社同仁的全力投入令我同样感动，在此一并向他们致以最真挚的谢意！

杨成

2018 年 9 月于沪上寓所